성공을 이루는 삶의 지혜

1만 권 독서 직장인이 알려주는
삶의 지혜 36가지

" 1만 권 독서 직장인이 알려주는 삶의 지혜 "

성공하고 싶은 당신에게 가장 필요한 것

"우리는 세 가지 방법으로 지혜를 배운다. 첫째는 가장 고상한 방법인 반성이며 둘째는 가장 쉬운 방법인 모방이고 셋째는 가장 쓰라린 방법인 경험이다."

동양의 군자 공자의 말이다.

어떠한 일을 행함에 있어서 잘못에 대한 자기성찰을 통하여 지혜를 습득하고 성공한 사람들을 보고 지혜를 습득하며 성공과 실패 등 다양한 경험을 통하여 지혜를 습득 할 수 있다는 의미이다.

지혜는 이치를 빨리 깨닫고 사물을 정확하게 처리하는 정신적 능력을 말하는데 대부분 지식과 경험을 바탕으로 지혜를 습득할 수 있으며 훌륭한 지혜는 성공의 원동력이 되는 것이므로 지혜를 습득하는데 전심전력을 다해야 한다.

많은 사람이 성공을 위하여 노력한다. 그러나 성공하는 사람은 소수에 불과 한 것이 현실이다.

성공을 이루는 방법에는 축구 선수 메시처럼 탁월한 운동 기술로 짧은 기간에 수천억 원을 버는 스포츠 선수를 비롯하여 워런 버핏처럼 주식투자로 억만장자가 되는 방법과 홍콩의 재벌 리 싸우키 (핸드슨 랜드 CEO)처럼 부동산 투자로 큰 자산을 이루는 방법 제프 베이조스(아마존 CEO)처럼 사업으로 큰 부를 이루는 방법, 밥 아이거(월트 디즈니 CEO)처럼 직장 생활에서 탁월한 능력으로 승승장구하여 높은 지위에 오르는 방법 등 여러 가지가 있다.

누구를 막론하고 위와 같은 성공을 하기 위하여 땀 흘리지만, 성공한다는 것이 말처럼 쉬운 일이 아니다.

성공 뒤에는 수많은 고난과 역경이 뒤따라야 하며 남들보다 몇 배 노력하여야 성공의 길로 들어설 수 있다. 성공의 길은 고난과 역경으로 이어진 어두운 터널이라 할 수가 있으며 이러한 어두운 터널을 지혜롭게 헤치고 나아가는 자는 성공이라는 열매의 맛을 느낄 수 있다.

 지혜는 성공의 주춧돌이라 말할 수 있다. 인생을 살아가다 보면 기쁜 일도 있지만, 시련과 험난한 고난이 반복되는 것이 인생이다. 이러한 순간순간을 지혜롭게 헤치고 나가야 성공적인 삶을 영위할 수 있다.

 사람은 누구나 성공할 수 있는 자질과 위대한 일을 할 수 있는 잠재 능력을 갖추고 있는 가치 있는 존재이며 훌륭한 능력을 소유하고 있다. 이러한 능력에 지혜를 습득하고 꾸준히 경험을 쌓는다면 반드시 성공의 반열에 오를 수 있다고 확신한다.

 필자는 현재 정년이 지났음에도 현직에 근무 중이며 부동산 임대 소득을 비롯하여 국민연금, 연금보험, 연금펀드, 연금 저축, 배당 소득 등

월급 외에 다양한 연금 파이프라인을 구축하고 노후 준비를 하고 있다.

초고령화 시대를 맞아 직장인이 억만장자처럼 큰 성공이 아니더라도 좋은 평판으로 정년을 넘어 오랜 기간 직장 생활을 영위할 수 있는 역량을 갖추는 일은 큰 업적 중의 하나이며. 월급 외 부가적으로 다양한 소득원을 마련하고 자본이 일하는 시스템을 구축하여 노후에 안정된 자본 소득을 창출할 수 있는 능력을 갖추는 것도 안정적인 인생 설계를 했다고 할 수 있다.

미래 학자는 AI 와 일하는 로봇으로 인하여 일자리는 갈수록 줄어들고 인간의 수명은 지속해서 늘어날 것으로 전망한다. 이렇게 급변하는 세상에서 돈 버는 방법과 지키는 법, 자산을 늘려 가는 비법을 터득하여 평생 현역이라는 시스템과 훌륭한 역량을 키워서 많은 사람과 관계를 형성하고 꾸준히 활동하면서 하루하루 일하는 것에 자긍심과 보람을 가지는 삶이 초장수 시대에 안정적이고 아름다운 인생이 될 것이다.

나이가 많고 적음을 떠나서 자만하지 않고 평생 배워야 성공한다는 신념을 가지기를 바라며, 한 살이라도 젊을 때 다양한 지식과 실전 경험을 쌓아서 성공적인 삶을 영위하기를 희망한다.

이 책은 필자의 35년의 노하우와 수많은 성현의 고귀한 철학과 성공한 글로벌 리더의 성공 전략을 바탕으로 누구나 손쉽게 접근할 수 있도록 명료하고 간결하게 집필한 인생 지침서이다.

삶에 있어서 좌절감에 빠져 용기가 필요할 때, 시련을 딛고 강한 의지가 필요할 때, 마음이 흔들리고 혼란스러울 때, 실패를 반복하여 실의에 빠져 있을 때, 가치 있는 삶을 살고자 할 때, 성공적인 직장 생활을 하고자 할 때, 항상 가까이 두고 지혜의 등불로 활용하기를 간절히 바란다.

책을 쓰는 동안 좀 더 알차고 가치 있는 내용으로 집필하고자 큰 노력과 시간을 투자하였다. 부디 이 책이 많은 독자에게 소중한 지혜를 제공하고 성공적인 삶의 나침반으로서 그리고 주옥같은 인생 책으로 그 역할을 다하기를 염원한다.

목차

프롤로그

제1장 : 나의 가치를 높이는 지혜

- 인생을 바꿀 가장 위대한 비결은 독서이다.
- 알기 위해서는 배우고 경험하여야 한다.
- 마음을 풍요롭게 만드는 인생 책을 읽어라.
- 멘토에게 성공하는 기술을 배워라.
- 성장을 위해서는 변화와 혁신이 필요하다.
- 시간을 낭비하지 않는 지혜

제2장 : 인간관계를 발전시키는 지혜

- 가족을 사랑하고 존중하라.
- 유능한 참모를 두는 것은 축복이다.
- 당당히 거절하는 용기를 가져라.
- 행복을 여는 감사 하는 마음을 가져라.
- 인사를 잘하는 사람이 좋은 평판을 얻는다.
- 든든한 인맥이 훌륭한 자산이 된다.

제3장 : 인생을 성공으로 이끄는 지혜

- 대체할 수 없는 탁월한 역량을 갖추어라.
- 준비된 사람만이 성공의 기회를 얻는다.
- 도전이 없으면 아무일도 일어나지 않는다.
- 결단이 위대한 성공을 이룬다.
- 경력이 나의 강력한 경쟁력이다.
- 절망의 순간에도 희망을 버리지 말라.

제4장 : 나를 빛나게 하는 처세의 지혜

- 칭찬으로 상대를 감동하게 하라.
- 작은 습관이 나의 운명을 바꾼다.
- 아침 시간을 효율적으로 사용하라.
- 좋은 취미가 나의 삶을 윤택하게 만든다.
- 건강이 최고의 복이다.
- 천천히 가더라도 꾸준하게 가라.

제5장 : 풍요로운 삶을 만드는 투자의 지혜

- 자본이 일하는 시스템을 구축하라.
- 고배당주 투자로 제2의 연금을 만들어라.
- 주식 안전하게 투자하는 지혜
- 실패하지 않는 부동산 투자의 비법
- 노년에 빚내서 투자하지 마라.
- 적은 돈이라도 소중히 다루어라.

제6장 : 도전의 힘으로 성공한 6명의 거인

- 농구의 황제로 불렸던 마이클 조던
- 인도 산업의 아버지 나라야나 무르티
- 실리콘밸리의 황제 젠슨 황
- 해리포터로 수퍼리치가 된 조앤 K 롤링
- 세계적인 작가로 도약한 파울루 코엘류
- 글로벌 기업 나이키 창업자 필 나이트

에필로그

제1장 : 나의 가치를 높이는 지혜

" 지혜를 위해서는 배움의 길을 끊임없이 걷는 것이 필요하다. "

***　아리스토텔레스***

인생을 바꿀 가장 위대한 비결은 독서이다.

독서는 삶을 살아가면서 나의 가치를 높이는 일로서 필수이지만, 꾸준히 하기란 쉬운 일이 아니다. 독서를 왜 해야 하는지 목적을 알아야 하는데, 대부분은 독서의 목적을 단순히 교양을 쌓는 일이라고 하면서 등한시하는 것이 현실이다.

문화체육관광부에 따르면 우리나라 성인의 연간 독서량은 3.9권이며, 월간 독서량도 0.8권으로 OECD 국가 중 최하위권이라고 한다. 성인 10명 중 6명 정도는 1년 동안 책을 단 한 권도 읽지 않는다고 했다.

직장 동료나 주변 사람들에게 독서를 얼마나 하는지 질문 해보면 대다수 독서에 취미가 없다거나 시간이 없어서 독서를 못 하고 있다고 한다. 독서는 지식과 정보를 얻는 것을 비롯하여 사고력과 창의력이 향상됨은 물론 세상을 바라보는 통찰력이 깊어지고 어떠한 일을 판단함에 있어서 상당한 영향력을 발휘한다. 또한 다양한 지식을 습득 함으로써 성공한 사람들의 전략과 지혜를 배우고 자신의 진로와 미래를 결정하는 데 현명한 방향을 제공하기도 하므로 꾸준히 하여야 한다.

21세기 나폴레온 힐이라고 불리는 라파엘 배지아그는 < 억만장자 시크릿 > 세계적인 억만장자 21명의 5가지 공통점은 일찍 일어나기, 건강 유지하기, 독서하기, 사색하기, 규율 지키기 등의 습관을 지니고 있다고 했다.

소프트뱅크 손정의 CEO를 비롯하여 세계적인 자산가들과 글로벌 리더 대부분이 독서를 많이 하는 공통점이 있다는 말이며, 독서가 성공을 이루는 데 지대한 영향을 미치게 한다는 뜻이다.

독서는 마음만으로 되는 것이 아니다. 항상 독서의 중요성을 깨닫고 실행에 옮겨야 한 달에 몇 권의 책이라도 읽을 수가 있으며, 중요성을 모르는 사람은 책을 손에 쥐어주어도 관심을 보이지 않는다.

" 왜 책을 읽어야 하는지 생각해 보는 시간을 가져보라. 그렇지 않으면 평생 TV 리모컨 잡을 시간은 많아도 책을 손에 잡기란 쉽지 않다. "

필자는 책상뿐만 아니라 소파나 침대, 식탁, 등 가장 눈에 잘 띄는 곳에 책을 비치하여 수시로 책을 읽고 있다. 회사에서도 아침과 점심시간을 이용 책을 읽고 자동차나 가방에도 항상 몇 권의 책을 지니고 틈새 시간을 이용 독서를 꾸준히 하고 있다. 자동차에도 항상 책과 다이어리 영어 회화 테이프를 비치하여 틈새 시간을 활용하여 꾸준히 공부하는 시간을 가진다. 한마디로 굴러다니는 공부방을 운영하는 셈이다.

나는 책을 읽고 나면 항상 서평을 기록하고 가족들과 토론하는 시간을 갖는다. 책을 읽고 서평과 토론을 하지 않으면 잊어버리고 의미 없는 독서가 될 수 있기 때문이다.

<세계 명문가의 독서 교육>의 최효찬 작가는 케네디 전 대통령이 토론과 연설의 달인이 될 수 있었던 배경은 들려주고, 읽게 하고, 토론하는 훌륭한 부모의 독서 교육이 있었기 때문이라고 했다. 책을 읽고 토론하는 시간을 갖게 되면 스피치와 발표력도 향상된다. 가족끼리든 독서 모임이든 토론하는 습관이 매우 중요하다는 의미이다.

　자녀에게는 서평하고 토론하게 하라. 오래 기억되고 발표력도 크게 향상된다. 발표나 스피치를 잘하는 사람이 출세를 앞당긴다. 독서를 시간이 없어서 못 한다는 말은 핑계에 지나지 않는다. 대부분 사람은 집에서는 TV 연속극에 아까운 시간을 낭비하거나 게임에 열중하고 있는 관계로 아까운 시간을 허투루 보내고 있다.

　필자가 책을 많이 읽게 된 계기가 있다.

　1989년 처음 입사한 회사에서 일이다. 당시

시집과 수필집을 출간하여 직원들에게 나눠 주시던 B 공장장님의 영향을 많이 받았다. 공장장님은 항상 책을 책상 위에 수북이 쌓아놓고 매일 책을 많이 읽으셨고, 간부회의 때 유능한 리더가 되려면 책을 많이 읽어야 한다고 하시면서 필자에게 인생 책이 무엇인지 물으셨다. 나는 갑작스러운 질문과 책을 많이 읽지 않아서 당연히 인생 책도 없었던 터라 대답을 제대로 못 하는 상황이 되었으며 그 순간 나는 큰 충격을 받았고, 그때 받은 충격으로 책을 많이 읽어야 하겠다고 다짐하였고 현재까지 필자가 책을 1만 권 이상 읽게 된 계기가 되었다.

기업체에서도 독서 운동을 활발하게 전개하고 있는데 대표적인 기업이 한국콜마의 독서 운동 제도이다. 한국콜마는 2006년부터 전 직원에게 매년 6권의 책을 읽고 감상문을 쓰고 평가한다. 또한 우수 사원에 대해서는 매월 월례 회의 때 포상을 시행하고 사기를 증진 시키는 좋은 제도를 시행하고 있다.

직원에게 책을 많이 읽게 하는 것은 폭넓은 지식 함양은 물론 성현의 철학과 성공한 사람들의 성공 전략 및 리더십을 배우면서 개인의 역량을 향상하게 시키기 위함이다. 한국콜마가 1990년 창립 후 지속해서 발전하여 2024년 기준 1조 원이 넘는 매출을 일으키는 중견 그룹으로 성장하게 된 원동력은 독서 운동이 성장의 강력한 힘이 되었다고 볼 수 있다.

독서 강국 일본에서는 "북 앤드 베드" (Book & Bed) 와 쓰타야 북 아파트먼트 " 등 호텔이나 일반 빌딩에서도 책을 읽을 수 있도록 많은 독서 공간을 배치하고 있다.

우리나라에서도 코엑스몰 "별마당 도서관"과 SK네트웍스의 독서 나눔 방 "채움" 등 대기업에서 건물 일부를 독서 공간으로 운영하고 있고, Book & Rest 등 많은 카페에서도 독서 공간을 제공해 주는 곳이 점점 늘어나고 있는 관계로 독서를 할 수 있는 환경은 점점 좋아지고 있다.

수불석권(手不釋卷)이란 고사성어가 있다. 중국 삼국 시대 전장에서도 학문에 정진하였던 여명 장군의 고사에서 유래한 말로서 무엇인가 뜻을 이루려면 책을 가까이하여야 한다는 뜻이다.

다산 정약용 선생은 유배 중에서도 500여 권의 책을 저술하였으며 빛의 천사 헬렌 켈러, 도서관 운동을 펼친 책벌레 벤저민 프랭클린, 미국 최초의 흑인 여성 국무장관 콘돌리자 라이스, 토크쇼 여왕 오프라 윈프리, 독서를 통하여 최고 외과 의사가 된 벤 카슨, 오늘 나를 있게 한 것은 학교가 아니라 마을 도서관이었다고 말한 빌 게이츠, 처칠 전 영국 총리, 소프트뱅크 손정의 CEO 등이 독서를 바탕으로 성공을 이루었으며, 개인마다 훌륭한 업적을 남겼다.

책은 현재와 미래에 대한 지혜를 얻게 하고 수 세기 전의 위인들의 철학과 성공한 글로벌 리더의 성공 전략을 배울 수 있는 강력한 도구이다. 많은 사람은 은퇴하면 배움과 담을 쌓으려 한다. 주말에 도서관에 가보면 70대 이상 고령층에도 책을 읽는 모습을 종종 볼 수 있다. 지식을 습득하는 일은 나의 가치를 높이는 일로서 학교에서뿐만 아니라 평생 하여야 한다.

 나는 친구나 지인을 만날 때는 항상 가까운 도서관에서 만나기로 약속한다. 요즈음 에는 도서관에도 카페가 있으므로 차를 마시면서 이야기를 나누는데 조금도 문제가 되지 않으며 기다리는 시간에 책을 읽을 수 있어서 약속 장소로는 최적의 장소가 된다. 또한 여행 시에도 항상 책 몇 권을 배낭에 넣고 여행하면서 비행기든, 열차든, 찻집이든 수시로 책을 읽는다. 찻집에서 책을 읽게 되면 쌓인 스트레스와 무너진 감성을 충전시킬 수 있는 좋은 장소가 된다.

 직원들에게 책 얼마나 읽습니까? 질문하면 많은 사람이 시간이 없어서 독서를 못 한다고 대답한다. 시간은 만들기 나름이다. 나는 황금 같은 자투리 시간을 활용하여 다음과 같이 독서하고 있다.

1. 1시간 일찍 출근하여 독서하기
2. 점심 식사 후 30분 독서하기
3. 지하철이나 버스 안에서 독서하기
4. 약속 장소에서 기다리는 시간에 독서하기
5. 퇴근 후 TV 보는 시간에 독서하기
6. 여행하는 동안 찻집에서 독서하기
7. 은행이나 병원에서 대기하는 시간에 독서하기

현대는 디지털 콘텐츠가 대세이지만 책을 읽을 수 있는 의지만 있으면 얼마든지 가능하므로 책을 읽는 목적을 뚜렷이 하고, 보다 적극적으로 책 읽는 시간을 가져보라.

미국의 철학자 짐론은 "책을 접하지 않는 것보다 더 나쁜 것은 책을 접하지 않아도 된다고 생각하는 마음이다."라고 했다. 나는 더 이상 책을 읽지 않아도 잘할 수 있다고 자만하는 생각이 더 나쁜 습관이라는 뜻이다.

독서는 마음을 풍요로워지게 하며 강한 자신

감과 열정을 불러일으킨다. 10년 후 내 인생이 어떻게 바뀔지 생각해 보면서 독서를 통하여 나의 가치를 높이고 독서하는데 시간을 투자해 보라. 그 시간이 당신을 위대하게 만들어 주는 주춧돌이 될 것이다.

알기 위해서는 배우고 경험하여야 한다.

"알아야 한다."

 육군 포병 학교에 들어서게 되면 제일 먼저 눈에 들어오는 것이 알아야 한다는 학교 교훈이다.

왜 알아야 한다고 크게 새겨져 있을까?

 포병은 정확하게 포를 쏘려면 사격 제원을 계산하여야 하는 난해성이 있기 때문에 많이 알지 못하면 사격 지휘를 할 수 없다. 이런 관계로 학교 교훈을 "알아야 한다"라고, 만들었다고 한다. 포는 정확하게 운용하지 않으면 많은 문제가 발생하므로 다른 어떤 무기보다 많이 알아야 한다. 포병 특기병 후반기 교육제도가 있는 것도 이 때문이다.

 알기 위해서는 배우고 경험을 쌓아야 한다. 공자도 "학이시습지 불역열호"(學而時習之

不亦說乎) 라 했다. 배우고 때때로 익히면 그것이 큰 기쁨이 아니겠느냐는 뜻으로 배움의 즐거움과 가치를 담은 명언이라 할 수 있다.

배움은 평생 이어져야 한다.

배움은 학교에서 배우는 것뿐만 아니라 가정과 사회생활을 통하여 평생 배워야 하며 배움의 목적은 나의 발전과 나의 가치를 높이고 좀 더 나은 삶을 살아가기 위함이다.

" 인생의 모든 문제는 배움으로 해결할 수 있다." 일본 베스트셀러 < 배움을 돈으로 바꾸는 기술>의 저자 이노우에 히로유키의 말이다. 그는 치과 의사이면서 강연가와 작가로 활동하고 있다.

그의 배움은 끝이 없다. 그는 책을 책상뿐만 아니라 침상 등 가장 가까운 곳에 책을 비치하면서 수시로 독서하고 있으며 가방에는 항상 책

서너 권을 넣고 다니면서 공항 대기 시간이나 엘리베이터 대기 시간 등 틈새 시간을 이용하여 독서하며 배움의 끈을 놓지 않고 있다고 한다.

그는 현재 10명의 종업원으로 연간 4억 엔의 매출을 올리며 지방은 물론 세계 각국에서 환자가 찾아올 정도로 유명한 의사로 성공한 삶을 살고 있으며 인생의 모든 문제는 배움으로 해결할 수 있다고 강조한다.

직장에서 일을 하든, 사업을 하든 배움은 끊임없이 이어지는 것이고, 배우는 사람마다 그 차이는 천차만별이다. 어떤 직원은 입사해서 6개월 만에 업무를 잘하는 직원이 있는가 하면 어떤 직원은 1년이 지났는데도 불구하고 신입 사원 티를 못 벗어나는 직원들도 있다. 모든 결과는 배우려는 의지가 얼마만큼 있느냐에 따라 달라진다.

배우려는 의지를 갖추고 열과 성의를 다해 불철주야 노력하는 직원들은 조기에 자신의 업무를 완벽히 숙지하고 현명하게 일을 처리하게 된다. 배우려는 의지가 약하고 시간만 때우려는 직원들은 그만큼 업무 파악이 늦어지고 일 처리 능력이 뒤떨어질 수밖에 없는 것이다.

필자도 처음으로 입사한 직장에서 전공과는 거리가 먼 업무를 담당하면서 초기에는 적응하는 데 많은 어려움이 있지만 불철주야 배우고 연구하여 6개월이 지나지 않아 완벽하게 일 처리를 한 경험이 있다.

현재에도 그러한 경험이 계기가 되어 어떠한 업무를 담당하더라도 어려움 없이 일 처리를 할 수 있는 능력을 갖추게 되었고 현재까지 다양한 경험을 바탕으로 탁월한 역량을 발휘하면서 많은 사람으로부터 좋은 평판을 얻고 있다.

"지금 자면 꿈을 꿀 수 있지만 공부를 하면 꿈을 이룰 수 있다. 배움의 고통은 잠깐이지만 배우지 못한 고통은 평생 간다. " 하버드 대학에 전해 내려오는 격언으로 배움의 시간은 짧은 것이며 배우지 못하여 후회하는 시간은 평생을 간다는 뜻이다.

인생을 살아가다 보면 시련과 역경이 닥쳐올 때도 있다. 이러한 순간에도 좋은 경험이라 여기고 배워야 할 것이 있으면 한 살이라도 젊을 때 부지런히 배워야 현명한 삶을 영위할 수가 있으며, 더 나은 미래를 기약할 수 있게 된다.

나이가 적든 많든, 저학력자든 고학력자든, 부자이든 가난한 자든, 리더이든, 아니든, 남자든 여자든, 성공한 자든, 실패한 자든 관계없이 배움은 계속되어야 한다. 자신이 좀 더 나은 삶을 살기 위해서 또한 가치 있는 삶을 살기 위해서는 배움의 끈을 놓아서는 안 될 것이며 평생 배움 속에 나 자신이 한층 더 성장한다는 것을 잊어서는 안 된다.

" 지혜로운 사람은 언제 어디서나 배운다."
탈무드에 나오는 구절로 사람뿐 아니라 모든 것으로부터 항상 배우는 사람이 지혜로운 사람이라는 의미이다.

 오늘날 유대인들이 맨해튼의 금융 시장과 월스트리트를 장악하고 세계 인구의 0.2 % 밖에 되지 않는데도 불구하고 노벨상을 휩쓸고 있는 것은 그들의 율법인 탈무드에 따라 어릴 때부터 투자에 관한 경제 공부를 하게 한 것과 하브루타라고 부르는 창조적인 배움덕분이다.

 배움은 성공의 밑거름이고 인생을 든든하게 바쳐 주는 힘이며, 나의 강력한 무기가 된다. 배움은 책을 통해서 배우는 것뿐만 아니라 교사, 부모, 리더, 상급자, 지도자, 아랫사람, 친구, 성공한 사람과 실패한 사람의 경험을 통해서 배울 수도 있고, 길거리를 지나면서 사색을 통해서도 배움을 습득할 수 있다. 자기 능력을 향상하고 지혜를 쌓기 위해서는 어디서든, 누구에게든 배움을 게을리해서는 안 된다.

 벤저민 프랭클린은 일을 하면서 틈틈이 철학과 과학을 공부하는 등 평생 쉬지 않고 배웠다. 또한 투자의 전설 워런 버핏은 고령임에도 불구하고 지금도 기업 보고서와 경제지를 보면서 여러 가지 지식과 정보를 얻는다고 한다. 그는 급변하는 세상에서 새로운 것을 배우고 새로운 시대를 열어가기 위해서는 지속적인 배움이 이어져야 한다는 것을 알고 있기 때문이다.

논어 술이편에 학무지경(學無止境) 이란 고사성어가 있다. 배움에는 끝이 없으므로 평생 배워야 한다는 의미이다. 배움에는 끝이 없는 것이다. 2024년 84세의 고령자 한 분이 수능을 보고 대학에 입학했다는 뉴스에 나와 우리에게 훈훈한 감동을 준 적이 있다.

배움에 늦었다고 단언하고 현실에 안주하기엔 황금 같은 짧은 인생이 너무 아깝게 생각된다. 늦었다고 생각할 때가 가장 빠르다. 늦었다고 생각하지 말고 나의 가치를 높이면서 풍요로운 삶을 위하여 1분 1초도 헛되이 보내지 말고 배움에 전력투구하여야 한다.

경험이 나의 최고 자산이다.

고대 로마 정치가 카이사르는 "경험은 모든 것의 스승이다."라고 했다. 경험은 성공을 이루는 데 있어서 매우 중요한 요소이다. 이론적으로만 많이 아는 것과 실전 경험으로 터득한 노하우와는 많은 차이가 난다.

대부분 사람이 수많은 실패를 거듭하면서 성공을 이루었듯이 경험을 많이 쌓는 것이 성공의 지름길이 된다. 어떤 분야든 경험이 많은 사람이 일을 잘할 수가 있으므로 하루라도 빨리 경험해 보는 것이 인생을 살아가는 데 많은 도움이 된다. 직장을 다니든, 사업을 하든, 예술을 하든 많이 해본 사람이 잘하는 것이므로 경험을 쌓는 것은 나의 강력한 경쟁력이자 큰 자산이 되는 것이다.

필자의 경력 중에 군 복무 시절에 인사 참모 경력이 2년 정도 있다. 군에서의 인사업무와 일반 기업체에서의 인사업무는 크게 차이가 없다. 공문서 처리, 인원 관리, 인사 고과 관리, 상벌 관리, 민원 업무, 각종 행사 주관 등과 체육대회나 표창 수여식 같은 행사를 주관한 경험을 지니고 있었기 때문에 회사에서도 체육대회나 프레젠테이션할 때는 한치의 미비한 점 없이 진행할 수 있었다.

경험은 무엇과도 바꿀 수 없는 중요한 자산이다. 다양한 경험을 쌓고 실력이 그 누구도 대체할 수 없는 역량을 가지는 것이 회사에서 오래 근무할 수 있는 비결이 되는 것이다.

인생 철학의 아버지 제임스 앨런은 "경험을 통해 우리는 지혜를 얻고 이 지혜는 나아가는 힘이 된다."라고 했다. 모든 지혜는 경험에서 시작되며 지혜는 성공의 토대가 된다는 의미이다.

영국의 추리 소설가 존 크리시가 5백 권이 넘는 책을 쓸 수 있었던 것은 743번의 거절을 당하는 경험을 하였기 때문이며, 에디슨이 발명왕이 된 것은 수많은 실패의 경험이 있었기 때문이다.

 누구나 경험을 통해 배우고 성장한다. 성공의 길은 실패의 경험을 많이 해볼수록 가까워지며 성공을 이루는데 땀 흘리지 않는 사람은 없다. 힘든 일이든, 쉬운 일이든 경험이 있어야 성공의 문을 열 수 있다. 실패를 반복하여 낙담하거나 좌절하지 말고 경험은 나의 최고 자산이라 여겨라.

마음을 풍요롭게 만드는 인생 책을 읽어라.

"소매가 길어야 춤을 추고 돈이 많아야 장사를 잘하고 머릿속에 책 5천 권이 들어 있어야 세상을 제대로 뚫어 보고 지혜롭게 판단할 수 있다."

다산 정약용 선생의 말이다. 책을 많이 읽어야 어떠한 일을 행함에 있어서 실수 없이 성공한다는 의미이다.

책의 종류에는 자기계발서를 비롯하여 문학 분야, 역사 분야, 경제 분야, 예술 분야, 법률 분야, 사회과학 분야, 철학 종교 분야 등 여러 가지가 있다. 이러한 책들을 읽다 보면 내 삶에 큰 도움을 줄만 한 좋은 책이 분명히 있게 마련이다.

지금은 유튜브나 전자 도서 등이 발달하여 쉽게 지식을 습득하는 방법들이 많지만, 좋은 글을 반복하여 읽는 데는 한계가 있는 것이므로 책을 읽고 메모하는 습관이 지혜를 습득하는 데는 가장 좋은 방법이라 할 수 있다.

필자도 지금까지 1만 권 이상 책을 읽고 있는데 양서를 읽을 때마다 감동을 느끼며 꼭 인생 책으로 간직하고자 하는 책은 반드시 구입하여 반복하여 읽으면서 지혜의 등불로 활용하고 있다.

재산 목록 1호인 필자의 인생 책을 살펴보면 논어, 마르쿠스 아우렐리우스의 명상록, 세네카의 행복론, 발타자르 그라 시안의 사람을 얻는 지혜, 쇼펜하우어의 인생 수업, 괴테의 파우스트, 데일 카네기의 인간관계론, 빅터 프랭클의 죽음의 수용소에서, 새뮤얼 스마일스의 자조론, 벤저민 프랭클린의 자서전, 오스카 와일드의 심연으로부터, 앤서니 라빈스의 네 안에 잠든 거인을 깨워라, 워런 버핏의 위대한 부자 수업, 라파엘 배지아그의 억만장자 시크릿, 스티븐 코비의 성공하는 사람들의 7가지 습관, 팀 페리스의 타이탄의 도구들, 나폴레온 힐의 성공법칙 등을 인생 책으로 선정하여 반복하여 읽고 있다.

양서를 수시로 읽게 되면 매사에 자신감이 생기며 삶에 있어서 용기와 강한 동기부여를 가져다준다. 아무리 바쁜 삶이 계속 되더라도 인생 책을 마련해보라.

인생을 살아가다 보면 항상 즐거운 날만 있는 것은 아니며 사기가 저하되거나, 우울할 때나, 용기가 나지 않거나, 좋은 지혜가 떠오르지 않을 때가 있다. 이러한 경우에 항상 인생 책을 곁에 두고 읽는다면 무엇보다 친한 벗처럼 좋은 친구 역할을 하게 될 것이다.

책은 지혜를 습득하게 하기도 하지만 삶에 있어서 끊임없는 에너지를 제공하며 자신감과 열정을 불어넣는 도구가 된다.

르네 데카르트는 " 좋은 책을 읽는 것은 과거 몇 세기의 가장 훌륭한 사람들과의 이야기를 나누는 것과 같다."라고 했다. 독서한다는 것은 위대한 인물들과의 대화를 나누는 것과 같은 것이며 책을 통하여 많은 철학과 지혜를 습득할 수 있다는 뜻이다.

 인생을 바꿀 수 있는 인생 책을 만들어 항상 곁에 두고 읽는 습관을 지녀보라. 잊고 있던 수많은 지혜와 새로운 지식은 당신의 마음을 더욱 풍요롭게 할 것이다.

 나는 매주 주말에 도서관에 가서 신문을 읽으며 새로 나온 책들을 찾아 보고 꼭 읽어보고 싶은 책은 구입해서 본다. 나에게 힘과 용기를 실어 주는 인생 책은 수시로 읽어야 하기 때문이다. 또한 해마다 맞이하는 크리스마스 때는 항상 가까운 지인들에게 책을 선물하는데 책을 선물하게 되면 부담도 적을 뿐만 아니라 나의 가치를 높이는 것이므로 다른 어떤 선물보다 좋은 선물이 된다.

 책 속에 길이 있다는 말이 있다. 책 한 권이 그 사람의 인생을 바꿔놓을 수도 있는 것이다. 좋은 책은 어떤 때는 돈으로 따질 수 없는 큰 값어치를 할 수가 있다. 소중한 책들이 책장에 쌓일 때마다 마음 뿌듯하고 행복함을 느낀다. 독서모임에 한 회원은 자녀들을 위하여 유산으로 물려줄 수 있는 인생 책을 만들고 있다고 한다. 그만큼 좋은 책은 돈으로 따질 수 없을민큼 값어치가 높은 것이다.

 이 시대 최고의 비즈니스 구루 라파엘 배지아그는 < 억만장자 시크릿 > 수많은 성공한 사람들을 인터뷰하였는 데 그중에서 가장 검소한 사람이 인포시스를 설립한 인도의 빌 게이츠라 불리는 나라야나 무르티라고 했다. 무르티가 검소한 생활을 하는 가운데 유일하게 허락한 사치품은 "책이다."라고, 말했다고 한다. 다른 모든 것은 근검절약하지만 책만큼은 돈을 아끼지 않고 사서 읽는다는 뜻이다.

 도덕경에 위학일익(爲學日益) 이란 고사성어가 있다. 배움이란 매일 채워도 끝이 없는 것이므로 배움에 끊임없이 정진하라는 의미이다. 좋은 책은 나의 마음과 영혼을 살찌우게 할 뿐 아니라 나의 성공을 이루는 나침반이 된다. 주옥같은 인생 책을 만들어 항상 곁에 두고 읽기 바란다. 나의 마음이 흔들릴 때나 삶의 의미를 잃어갈 때 용기와 희망을 줄 것이다.

멘토에게 성공하는 기술을 배워라.

 존 맥스웰은 < 사람은 무엇으로 성장하는가?>"나는 자신보다 경험이 많은 사람들에게 배우지 않고도 성공한 사람을 지금까지 한 명도 보지 못했다."라고 했다.

성공하기 위해서는 나보다 경험이 많은 사람에게 배워야 한다는 뜻이다. 좋은 멘토를 만나는 것은 내가 성공을 이루는 데 있어서 매우 중요한 일이다.

 멘토는 많은 분야에 멘토로 삼을 전문가가 있으며 책도 간접적인 멘토가 될 수 있다. 필자가 읽은 책 중에서 멘토로 삼을 대표적인 책 5가지는 지혜와 철학을 배울 수 있었던 마르쿠스 아우렐리우스의 < 명상록>을 비롯하여 역사의 혼을 알 수 있게 한 사마천의 < 사기 >, 인간의 존엄성을 배우게 한 빅터 프랭클의 <죽음의 수용소>, 가치투자의 중요성과 전략을 습득하게 한 워런 버핏의 < 위대한 부자 수업 >, 가족의 중요성을 깨우치게 한 이현서의 <7개의 이름을 가진 소녀> 등이 있다.

 그 다음 멘토는 내가 가장 먼저 만났던 부모님이다. 부모님은 내가 성장하고 발전하는 데 가장 많이 도움을 준 멘토였다. 부모님은 최고의 경험자로서 내가 잘하면 칭찬해 주고 잘못하면 질책해 주고, 항상 정직하게 살아갈 수 있도록 인성교육을 가장 훌륭하게 시켜주는 멘토라 할 수 있다.

 학생 때는 고등학교 담임 선생님이 나의 진로에 대하여 많은 도움을 주셨고, 군에서는 초급장교로 있으면서 상급 지휘관에게 탁월한 리더쉽을 배웠으며, 취미생활이었던 배드민턴에 대하여 전문 강사로부터 게임에서 승리할 수 있는 기술을 배웠다.

 또한 회사에서는 신뢰하고 존경했던 리더로부터 경영기법을 배울 수 있었고, 부자 학교 존 리 대표로부터는 주식투자 기법을 배웠으며, 부동산업을 하는 친구로부터 현명한 부동산 투자의 비법을 배웠고, 처음으로 시작한 책 쓰기에 관하여 책 1만 권을 읽고 100권의 책을 쓴 김병완 칼리지 교장으로부터 책 쓰기 기법을 배웠다.

철학자 존 스튜어트 밀은 "확고한 믿음을 가진 한 명이 관심을 가진 99명의 사람과 같은 힘을 낸다."라고 했다. 자신의 믿음이 확고한 멘토 한 명이 믿음이 부족한 여러 명의 멘토보다 훌륭한 멘토가 된다는 의미이다.

세상에는 많은 멘토가 있다. 지혜롭고 좋은 멘토를 만나는 것도 행운이다. 내가 성공하기 위해서는 성공한 멘토에게 배우는 것이 무엇보다 중요하다.

어떤 멘토는 능력이 출중한 멘토가 있는가 하면 어떤 멘토는 인성이 부족하거나 경험이 부족한 멘토가 있을 수 있으므로 최고의 멘토를 만나서 배울 수 있도록 세심한 노력이 있어야 한다.

멘토를 만나서 배우는 것과 멘토 없이 배우는 것은 많은 차이가 날 수밖에 없다. 멘토를 만나서 배우게 되면 좋은 점을 알아보면 다음과 같다.

 1. 올바른 판단을 하도록 조언을 받을 수 있다.
 2. 나의 잠재 능력을 발휘할 수 있도록 도움을 받을 수 있다.
 3. 실패와 실수를 통한 성공 노하우를 제공받을 수 있다.

 첫 번째로 많은 경험자로서 올바른 판단을 할 수 있도록 조언을 받을 수 있다. 보통 멘토는 많은 경험을 통하여 성공한 사람이 대부분이다. 이들로부터 기초역량을 키우고 문제를 해결하는 데 있어서 올바른 판단을 할 수 있도록 도움을 받을 수 있는 좋은 점이 있다.

 두 번째는 나의 잠재 능력을 발휘하도록 도움을 받을 수 있다. 나의 적성과 자질을 통하여 적합한 직업을 찾는 데 조언을 받을 수 있으며 내가 지니고 있는 숨은 능력을 최대한 발휘 할 수 있도록 조언을 받을 수 있다.

세 번째는 다양한 성공 노하우를 제공받을 수 있다. 사람은 처음부터 승승장구하기가 쉽지 않다. 어떠한 일을 진행함에 있어서 어려움에 봉착하거나 부족한 점이 많을 경우에 지혜로운 멘토를 통하여 성공하는 비법을 제공받을 수 있는 좋은 장점이 있다.

 사람은 누구나 목표를 달성할 수 있는 능력을 소유하고 있지만 본인의 의지만으로는 목표를 달성하는 것이 쉬운 일이 아니다. 본인의 의지에 좋은 멘토의 가르침을 더한다면 목표 달성이 한층 더 빨라질 것이며 큰 도움이 될 수 있는 것이다.

 경당문노(耕當問奴)라는 고사성어가 있다. 모르는 일은 잘 아는 사람에게 물어보라는 의미이다. 성공하려면 성공한 사람을 만나는 것이 최고의 방법이다.

2019년 워런 버핏 버크셔해서웨이 회장과의 점심식사를 한끼 하는 행사가격이 400만 달러가 넘어섰다고 하는 것을 보면 성공한 사람이 얼마나 좋은 멘토가 되는지를 알 수 있다.

성공한 멘토를 만나는 것이 성공의 지름길이다. 지혜롭고 훌륭한 멘토를 만나는데 정성을 다하여야 한다.

성장을 위해서는 변화와 혁신이 필요하다.

 철학자 프레드릭 더글러스는 "변화는 고통이 동반되지만, 변화 없이는 성장도 없다"라고 했다. 기존의 사고나 습관을 변화시키는 데는 많은 어려움이 있지만 변화해야 발전이 있다는 의미이다.

 대부분 사람은 기존의 하든 방식을 고집하려 하고 귀찮다는 이유로 변화하기를 꺼린다. 과거의 관습을 지키는 것도 중요하지만 나의 발전과 조직의 발전을 위해서는 과감히 변화시켜야 한다.

 자기 자신을 변화시키기 위해서는 자신을 믿어야 하며 부정적인 사고방식을 긍정적인 사고방식으로 바꿔야 한다. 자신을 변화시키지 않고서는 다른 사람이 변화되기만을 기다리는 것은 욕심이다.

 회사에서도 좀 더 신속하고 편리한 방법으로

개선하기 위해 자동화 시스템을 도입하고 전산화시키는 경우가 많은데 전산화시킴으로써 모든 사람이 전산을 배워야 함에 따른 어려움으로 인하여 개선을 반대하거나 꺼리는 경우가 있다. 이러한 사례들은 일부 직원들의 구태의연한 사고방식이 남아 있기 때문으로 발전에 저해되는 행동일 수밖에 없다.

 조직의 발전에 저해되는 사람들은 과감히 교육하고 변화하도록 지도하여야 한다. 처음에는 반발하기도 하고 두려워하지만, 지속해서 교육하고 설득하게 되면 자신이 배우지 않으면 안 된다는 문제를 인식하게 되고 시간이 지나게 되면 전부가 배워서 숙련된 인재가 되는 것이므로 모두의 발전을 위해서는 변화시키고 혁신하는 데 주저하지 말아야 한다.

 미국 역사상 가장 위대한 농구 감독이자 20세기 가장 위대한 스포츠 지도자로 불리는 존 우든은 " 실패 자체는 문제 되지 않는다 진정으로 문제가 되는 것은 변화에 실패한 것이다." 라고 했다. 그는 기존의 경기 전술을 변화시켜야 승리할 수 있음에 신기술을 열린 마음으로 받아 들이도록 지도하고 발전시킨 결과 12년 동안 88연승이라는 신기록을 세웠다.

 변화를 주는 것은 처음부터 쉬운 것은 아니다. 그러나 세상이 아날로그 시대에서 디지털 시대로 바뀌고 AI 시대가 초지능 AI 시대로 바뀌듯이 우리의 마음 자세도 바꿔 나가야 한다. 많은 회사가 성장하기 위해서는 해외 진출을 해야 한다고 변화를 꾀하지 않았다면 오늘날과 같이 큰 매출을 일으키지 못하고 항상 그 자리에 머물고 있었을 것이다.

 삼양식품이 2024년 기준 매출이 1조 7,300억으로 전년 대비 45%나 상승시키면서 하나의 라면 브랜드가 세계적인 상품으로 돌풍을 일으킬 수 있었던 것은, 불닭볶음면 이라는 혁신적인 아이디어를 창조해 낸 결과인 것이다. 변화와 혁신은 나와 조직 전체의 큰 발전을 가져온다는 사실을 명심하여야 한다.

 우버가 기존 택시 산업을 혁신시켰고 에어비앤비가 숙박업의 패러다임을 변화시켰듯이 지금은 변화와 혁신의 시대이다. 변화를 수용하고 혁신에 앞장서야 발전을 도모할 수 있다.

 나는 3년 전에 방에 있던 책장을 거실로 옮겼다. 책은 가까이 있어야 한 번이라도 더 읽게 된다고 생각하고 과감히 결행했다. TV 대신 책장이 거실에 있으므로 책에 대한 애착심도 깊어지고 책도 평소보다 더 많이 읽는 장점이 있다. 책장을 옮긴 후 가족들도 1년에 몇 권 정도 읽는 습관에서 독서광으로 변했다. 책장만 옮겼는데 가족들도 변한 것이다.

 온 가족이 책 읽기를 좋아하면서 매주 일요일 10시부터 11시까지는 독서 토론하는 시간도 갖고 있다. 토론하게 되면 책 내용이 오래 기억되고 스피치 실력도 향상되어 일거양득의 효과가 있다.

세계적인 경영 구루 오마에 겐이치는 <난문 쾌답> " 인간을 바꾸는 방법은 3가지뿐이다. 시간을 달리 쓰는 것, 사는 곳을 바꾸는 것, 새로운 사람을 사귀는 것"이라고 했다. 결심만으로는 변화시키기는 어렵고 시간과 공간의 변화와 여러 사람을 만나서 배우는 것이 나를 변화 시키는 데 있어서 핵심적인 요소라는 의미이다.

 나는 10년 전부터 출근을 1시간 일찍 하는 습관을 지니고 있다. 일찍 출근하여 30분 독서를 하고 30분은 업무 준비를 한다. 이러한 습관 덕에 과거보다 책을 3배 이상 많이 읽고 있으며 회사에서 좋은 평판을 유지하고 있다. 시간을 조금 바꾼 것이 나 자신을 발전시키고 변화시킨 것이다.

 철학자 마르쿠스 아우렐리우스는 < 명상록 >에서 "변하지 않는 것은 쓸모가 없다."라고 했다. 즉 변화는 우주 자연이 요구하는 것이므로 나 자신도 변화를 두려워해서는 안 된다는 것이다. 변화는 모든 존재가 받아들여야 할 필수적인 본질이라는 뜻이다.

 회사에서 A 직원에게 책을 읽어보라고 권유하면 책만 보면 어지럽다고 하고 B 직원은 다음 달부터 열심히 읽겠다고 미룬다. 많은 변화가 필요하다고 생각되어 주말에 도서관에 가서 신문 읽는 것부터 시작하라고 했다. 약속도 가급적 가까운 도서관에서 해보라고 하였다.

그 후 B 직원은 학교 졸업 후 처음으로 도서관에 방문했다고 하면서 도서관에 사람이 그렇게 많은 것과 신문을 비롯하여 잡지 등 많은 책을 보고 놀랐다고 말했다. 특히 좋은 시설과 고령층에서도 책을 많이 읽는 것을 보고 한층 더 놀라움을 감출 수 없다면서 본인도 책을 세 권 빌려왔다고 하였다.

 변화하기 위해서는 본인 자신이 먼저 변해야 한다. 자녀들에게 공부하라 하기 전에 자신이 먼저 솔선수범하여 공부하는 모습을 보여 주어야 변화가 생기는 것이다.

오바마 전 대통령은 "의미 있는 변화는 언제나 평범한 사람들로부터 시작된다. 함께 일하는 시민들은 놀라운 것을 해낼 수 있다."라고 연설하면서 변화를 강조하여 대통령에 당선되었다. 변화의 중요성을 강조한 것이 신의 한 수가 된 것이다.

 가난한 자는 변화를 두려워하고 부자는 변화를 기꺼이 받아들인다고 한다. 지금은 변화해야 살아갈 수 있는 시대이다. 자신을 변화시키는 데 최선을 다해야 성공을 이룰 수 있다. 이런 사실을 직시하고, 아침에 일찍 일어나기. 정리 정돈하기, 도서관에 가서 책과 신문 읽기, 감사의 일기 쓰기, 하루에 3명 이상 칭찬하기, 게임 하지 않기, 시간 계획표 짜기 등 가장 쉬운 것부터 변화를 모색하여 실천해 보자. 머지않아 당신에게 놀라운 변화가 탄생하게 될 것이다.

시간을 낭비하지 않는 지혜

"인색하게 굴 가치가 있는 유일한 자원인 시간을 낭비하지 말고 예기치 못한 시점에 끝나버릴 그 자원을 지키기 위해 더욱 노력하라." 철학자 루시우스 아나에우스 세네카의 말이다. 시간을 낭비하지 말고 철저히 관리하라는 의미이다.

같이 출발하였는데 세월이 지난 뒤에 보면 어떤 사람은 뛰어나고 어떤 사람은 낙오가 되어있다. 이것은 하루하루 주어진 자신의 시간을 잘 이용했느냐 낭비했느냐에 달려 있다. 매일 우리는 24시간씩 시간이 주어지고 사용하지 못하고 버려진 시간은 그냥 버려질 뿐 다시는 되돌릴 수 없는 것이 시간이다.

하루 24시간은 누구에게나 한정된 시간으로써 사람이 사는 동안 할 수 있는 일은 지극히 한정되어 있다. 그러므로 사소한 시간이라도 낭비되지 않도록 효율적으로 관리하여야 성공으로 가는 길이 짧아진다고 할 것이다.

시간을 낭비하지 않는 고귀한 지혜 5가지를 제시한다.

1. 매사에 적극적인 자세로 일을 하라.
2. 목표를 설정하라.
3. 거절할 때는 정중히 거절하라.
4. 사소한 시간이라도 헛되이 보내지 마라.
5. 자기 계발을 위한 시간을 가져라.

위의 5가지 지혜에 대하여 자세히 알아보면 첫 번째, 매사에 적극적인 자세로 일을 하라. 적극적으로 일을 하여야 더 짧은 시간에 최대의 효과를 획득할 수 있는 것이다. 소극적이며 마지못해 일하는 사람은 시간만 허비할 뿐 원하는 성과를 이룰 수 없을뿐더러 조직에서 불필요한 존재가 될 수밖에 없게 된다.

두 번째, 목표를 설정하라. 목표가 있어야 시간을 유용하게 사용할 수 있다. 목표가 없으면 간

절함과 열정이 동반되지 않기 때문에 하루하루를 아무 의미 없이 보내기 마련이다. 따라서 뚜렷한 목표를 세우고 목표를 향해 전념하여야 시간을 헛되이 소모하지 않고 자투리 시간까지 훌륭하게 활용할 수 있는 것이다.

 세 번째, 거절하여야 하는 일에는 정중히 거절하라. 빈번한 전화 받는 일이나 빈번한 약속을 하는 일들과 각종 부탁 등으로 인하여 쓸데없는 시간을 빼앗기는 경우가 자주 발생하면 본업에 충실할 수가 없고 많은 시간을 의미 없이 낭비하게 되는 것이다. 따라서 거절해야 할 상황에서는 적절하게 거절하는 것이 심리적 압박에서 벗어남과 동시에 마음이 편해지고 시간을 절약하는 지름길이 된다.

 네 번째, 사소한 시간이라도 헛되이 보내지 마라. 필자는 아침 출근 후 30분과 점심시간 30분을 아껴 책 읽는 시간으로 활용하고 있다. 이런 시간 외에도 약속 장소에서 대기 시간, 비행기나 기차를 이용한 여행하는 시간, 병원

대기 시간, 대중교통 대기 시간 등 틈새 시간을 책 읽는 시간으로 활용한다면 그냥 흘러가는 시간을 낭비 없이 유용하게 사용할 수 있다.

다섯 번째, 자기 계발을 위한 시간을 가져라. 나만의 시간을 가지기 위해서는 먼저 주간 및 월간 시간 계획표를 만들어야 한다. 시간 계획표가 없게 되면 빈번한 약속과 각종 모임 등으로 인하여 퇴근 후 나만의 시간을 가질 수 없을뿐더러 많은 시간을 허투루 보낼 수밖에 없다.

필자도 매월 시간 계획표를 만들어서 모임이나 약속 시간은 가급적 월 1회 이내로 제한하고 월요일부터 금요일까지는 퇴근 후 나만의 시간을 가지며 자기 계발에 시간을 사용하고 있으며, 휴일 오전에는 도서관을 이용 독서 하는 시간을 가지며 오후에는 건강을 위한 헬스클럽에서 체력 단련을 하는 데 시간을 활용하고 있다.

퇴근 후 무의미하게 보내는 시간 아껴서 하루 한 시간만이라도 자기 계발을 위한 시간을 만들어 보라. 머지않아 놀라운 변화가 일어날 것이다.

"여러분의 시간은 한정되어 있습니다. 그러니 다른 누군가의 삶을 살면서 시간을 낭비하지 마십시오" 애플 창업자 스티브 잡스의 말이다. 나 자신의 아까운 시간을 허비하면서 다른 사람의 부탁을 다 들어주기에는 인생이 너무 짧다는 의미이다. 대부분 사람은 해야 할 일에 대하여 잠잘 거 다 자고, 놀 거 다 놀고, 볼 거 다 보고 항상 시간이 없어서 못 했다고 말한다. 시간은 쪼개기 나름이다.

 시간 낭비는 인생 최대의 실수라는 말이 있다. 우리의 꿈과 목표를 달성 하기 위해서는 돈으로도 살 수 없는 시간, 무엇과도 바꿀 수 없는 시간, 흘러가면 다시는 돌아오지 않는 시간, 모두에게 공평하게 주어지는 시간 이러한 소중하고도 소중한 시간을 허투루 낭비되는 일이 없도록 철저히 관리하고 효율적으로 활용하도록 노력하여야 우리가 원하는 목표 달성과 성공을 이룰 수가 있는 것이다.

제2장 : 인간관계를 발전시키는 지혜

" 자기 자신을 하찮은 사람으로 취급하지 마라. 그런 태도는 자기 행동과 사고를 옭아매게 한다. 어떤 일을 하더라도 자기 자신을 사랑하는 것에서 시작하라. 지금까지 살아오면서 아무것도 이루지 못하였더라도 자신을 항상 존엄한 인간으로 사랑하고 존중하라. 자기 자신을 사랑하면 결코 악행을 저지르지 않게 되고 타인으로부터 지탄받는 일도 저지르지 않게 된다."

*** 프리드리히 니체***

가족을 사랑하고 존중하라.

1997년 12월

그의 나이는 17세였다.

인권 유린을 당하면서 어둠의 국가에서 성장해온 그는 네온사인이 번쩍이는 미지의 세계를 구경하고자 12월의 매서운 추위를 뚫고 압록강을 넘어 중국으로 탈북을 감행했다.

맨손으로 건너간 그는 선양에 사는 친척이 큰 도움이 되었다. 한 달 동안 친척 집에 머물면서 17년 동안 볼 수 없었던 하늘을 가릴듯한 높은 빌딩과 형형색색의 수많은 자동차, 어둠을 황홀 속으로 빠져들게 하는 번쩍이는 네온사인에 갇혀 정들었던 고향과 가족 생각이 점점 멀어져 갔다.

일주일 이내에 돌아올 것이라 마음먹고 압록강을 넘었으나 밤이 되면 암흑천지로 변하는 북한의 실상을 생각하면서 중국에서 살고 싶은 욕망이 조금씩 생겨나기 시작하여 계속 머물기는 했으나 불법 입국자로서 항상 불안한 마음으로 지낼 수밖에 없었으며 한때 인신매매범에게 붙잡혀 감금당하고 공안에 잡혀서 심문받기도 했지만, 그때마다 지혜롭게 대처하여 탈출하였다.

 그는 단속을 피하고자 수시로 거주지를 옮겨 다니면서 이름도 바꿔야 했고 2008년 대한민국으로 입국하기까지 총 7번의 이름을 바꿨다.

 우리나라에 입국한 후 고향에 두고 온 가족을 잊을 수가 없었고 무슨 일이 있어도 가족을 데려오겠다고 큰 결심을 한 후 2009년 다시 중국을 거쳐 자신이 탈출했던 국경 지역 부근까지 가서 알선하는 사람의 도움으로 가족을 기적적으로 만났다.

 제3국을 거쳐 가족을 안전하게 탈북시키는 여정에 가족을 설득하는 일이 쉬운 일이 아니었지만, 그는 포기하지 않고 알선자에게 태국을 거처 탈북시켜 줄 것을 부탁하였다. 가족이 오는 도중에 라오스에서 불법 입국자로 붙잡혀 2번의 감옥 생활을 하기도 했다. 그렇게 하다 보니 보름이면 한국에 도착할 것이라고 했던 것이 1년 이상 걸렸고 잘못되어 북송되면 목숨을 부지할 수 없다는 공포감과 두려움에 지옥 같은 탈출 생활이 되었다.

 그는 1년여 동안 가족을 데려오는 여정에서 수많은 생사의 위험과 고난이 있었지만 절망하지 않고 2010년 가족을 무사히 데려오는 데 성공하였으며 "가족이 내 인생의 전부였고 힘이었다."라고 했다.

 파란만장한 그의 탈출 스토리는 세계적인 이슈가 되었다. 2013년 세계 최고의 지식 콘퍼런스인 TED 무대에서 강연을 하는 영광을 가졌으며, CNN을 비롯하여 많은 언론매체와 인터뷰를 하면서 탈출 과정과 북한의 실상을 세상에 알렸다.

2018년에는 아무나 갈 수 없는 백악관에도 초청받는 영광을 얻기도 한 그의 이름은 뉴욕 타임스 베스트 셀러 < 7개의 이류을 가진 소녀 >의 저자 이현서 세븐 에셋 대표이다.

그는 TED 강연으로 일약 세계적인 유명 인사가 되어, 한 번에 1만 달러를 받으며 세계 여러 나라에 초청되어, 강연하였고, 현재는 세븐 에셋 자산 운용사를 설립하여 대표를 맡고 있다.

그가 탈북민으로써 오늘날 세계적으로 유명 인사가 될 수 있었던 것은 가족에 대한 애틋한 사랑이 있었기 때문이다. 그가 가족을 사랑하지 않았다면 목숨 걸고 가족을 탈북 시키려고 노력하지 않았을 것이고 세계 최고의 무대 TED 강연과 백악관에 초청되는 영광스런 기회가 오지 않았을 것이며 혼자서 평범한 탈북민으로 살고 있을 것이다.

가족에 대한 사랑이 그의 운명을 360도 바꾸어 놓은 것이다. 가족은 그만큼 소중한 존재라는 것을 여실히 보여 주는 대목이다.

 가족은 같이 있을 때는 느끼지 못하지만 혼자 생활하거나 출장이나 여행으로 외국에 나가게 되면 그리움이 많이 생기게 된다. 사람은 혼자는 행복한 삶을 추구하기란 어렵다. 아무리 핵가족 사회라 할지라도 가족은 삶에 있어서 가장 소중하고 중요한 존재이다. 경제적 어려움이나 역경에 처했을 때 도움을 줄 수 있는 것이 가족이며 안전하게 지켜줄 수 있는 것도 가족이다.

 마더 테레사는 "세상을 바꾸고 싶다면 먼저 집에 가서 당신의 가족을 사랑해 줘라."라고 했다. 모든 일은 가족 간에 화합과 애정 어린 도움이 기초가 되어 큰 성공을 이룬다는 의미이다. 삶을 살아가면서 가족을 무시하면 어떠한 성공을 실현하기는 어렵다, 아무리 각박한 세상일지라도 가족을 홀대해서는 안 되는 것이다.

 위기에 처한 가족을 끝까지 구해 줄 수 있는 것도 가족이며, 기쁠 때나 슬플 때나 나에게 힘을 주고 응원해 주는 것도 가족이고 언제 어디서나 따뜻하게 맞아 주는 것도 가족이다.
 매년 명절 때마다 먼거리에도 불구하고 수백만 명이 고향을 찾는 이유는 사랑하는 가족이 있기 때문이다.

 천륜지락 (天倫之樂) 이란 말이 있다. 세상에서 가장 큰 즐거움은 가족과 함께하는 것이다.라는 의미이다. 세상에서 가장 중요한 것이 가족이라는 것을 잊어서는 안 된다.

 "당신의 최고 안식처인 가족을 사랑하고 존중하라."

유능한 참모를 두는 것은 축복이다.

 지도자가 유능한 참모를 곁에 두는 일은 무엇보다 중요하다. 지도자는 모든 분야에 능통할 수 없으므로 지략과 통찰력을 겸비한 참모의 조언을 참고하여 올바른 판단을 하는 것이다.

 훌륭한 지도자 뒤에는 뛰어난 참모가 있다. 한 고조 유방이 천하 통일을 할 수 있었던 것은 장량, 진평, 한신, 소하 같은 유능한 참모들이 있었기 때문이며, 삼국의 최후 승리자 유비가 삼고초려 하여 제갈량을 참모로 영입한 것은 당대 수많은 참모 가운데서 전략과 충성심이 제갈량을 능가 할 만한 유능한 참모는 없었기 때문이다.

 군에서도 유능한 참모들의 역할에 따라 지휘관들의 인사 고과에 많은 영향을 미치는데 참모 한 사람만이 잘해서 좋은 평가를 받을 수 있는 것도 아니고 모든 참모가 제 역할을 훌륭히 수행하여야 한다.

 필자가 인사 참모 시절에 있었던 일이다. 대대 종합 전술 훈련 평가에서 작전 참모를 비롯하여 모든 참모가 실전을 방불케 하는 훈련을 하여 여단 내에서 최우수 부대로 선정되어 부대 지휘관이 최고 인사 고과 점수를 받는 데 혁혁한 공을 세운 바 있다.

 모든 참모가 실전에서 일어날 수 있는 인명 피해와 장비 피해 및 적군 피해 내용 등에 대하여 가상 보고를 시행하도록 하고 사전 작전 회의에서 참모 개인이 일일이 맡은 임무를 철저히 수행하도록 방침을 수립하여 밤새워 연습하고 가상훈련을 시행한 결과로 최고의 평가를 획득할 수 있었다.

 군대뿐만 아니라 모든 조직에서도 마찬가지다. 참모들의 업무 수행 능력에 따라 리더의 평가에 많은 영향을 미치는 것이다. 특히 리더나 지도자의 위치에 있는 사람일수록 유능한 참모를 기용하여야 올바른 판단을 하고 올바른 정책을 펼칠 수 있는 것이다.

명심보감 정기편에 보면 양약고구 이어병 충언역이 이어해 (良藥苦口利於病 忠言逆耳利於行) 이란 구절이 있다. 지도자는 참모가 아부나 아첨이 아닌 충언을 할 때는 귀에 거슬리더라도 귀담아들어야 한다는 뜻이다. 참모가 유능하면 지도자도 유능하게 되는 것이므로 충언을 할 수 있는 능력 있는 참모를 기용하여 훌륭한 지도자로서 임무를 수행하여야 한다.

춘추시대 제나라 군주 환공이 병석에 누워 "슬프구나! 관중의 말이 옳았도다. 무슨 면목으로 저승에서 관중을 볼까"라고 한탄한 것은 충신 관중의 충언을 듣지 않고 호가호위하기 위해 스스로 거세를 한 잔인한 성격 소유자 수조, 아들을 죽여 환공에게 음식을 만들어 바친 잔인한 역아, 부모상을 당하였는데도 한차례도 찾아가지 않는 불효자 개방이라는 간신들만 총애하였기 때문이다.

참모가 간신처럼 자신의 출세만을 위하여 사리사욕만 채우고 아부만을 일삼는다면 부정부패가 만연하고 지도자가 올바른 판단을 할 수 없게 된다.

 참모의 역할에 따라 지도자의 위상은 크게 달라진다. 참모는 담당 업무에 대해서는 탁월한 실력을 갖추고 있어야 하고 지도자가 올바른 판단을 할 수 있도록 해박한 지식을 조언하고 양심에 어긋나지 않고 정직하여야 한다.

 과거의 역사를 돌이켜 보더라도 간신이 많으면 나라가 망하게 되는 것이고 충신이 많으면 나라가 안정되고 태평 세대를 누리게 되는 것이므로 지도자나 리더의 위치에 있는 사람은 항상 충성스럽고 유능한 참모를 곁에 두도록 하여야 한다.

 동서고금을 막론하고 자신의 직을 걸고 직언을 할 수 있는 충성스러운 참모가 필요한 것은 이론의 여지가 없을 것이다. 유능하고 현명한 인재를 찾는 데 투자를 아끼지 마라.

당당히 거절하는 용기를 가져라.

"모든 관계에 선을 분명히 그을 수 있는 사람이 자신의 시간과 에너지를 아끼고 남들에게 휘둘리지 않을 수 있다." 후지나 도모야 정신과 전문의가 한 말이다. 거절할 사항에 대해서는 분명히 거절할 줄 알아야 인생을 편안하게 살아갈 수 있다는 뜻이다.

인생을 살아가다 보면 거절은 피할 수 없는 사항으로 친구든, 지인이든, 친척이든 누구나 다양한 상황에서 경험하게 된다. 친한 사이일수록 부탁을 거절하는 일이 쉬운 일은 아니다. 하지만 싫다고 말하는 단 한 번의 행동이 자신을 행복하게 만들고 좋은 인간관계를 만드는 시초가 될 수 있다.

아무리 친한 관계라도 부탁을 들어줄 일과 거절해야 할 일을 구분하여야 한다. 구분하지 않고 무조건 거절하거나 매번 들어주게 되면 인간관계가 단절될 수 있고 정신적 물질적 피해를 낳게 된다. 부탁이든, 권유든, 지시든 지혜로운 판단을 하여야 한다.

거절하면 거절할수록 좋은 묘수에 대하여 알아보면 다음과 같다.

1. 금전은 빌리지도 말고 빌려주지도 마라.
2. 술이나 식사 약속은 될 수 있으면 거절하라.
3. 일에 대한 부탁은 분별하여 거절하라.
4. 동업에 대한 제의는 정중히 거절하라.
5. 고수익에 대한 투자는 단호히 거절하라.
6. 불법적인 일에 가담하는 행위는 일언지하에 거절하라.

위 6가지 사항에 대하여 자세히 알아보면 첫 번째, 금전은 빌리지도 말고 빌려주지 말라. 부탁 중에 금전과 관계되는 일이 가장 어려운 것인데 금전은 빌려주어서 사고가 날 확률도 있으므로 더욱 주의하여야 한다.

빌려줄 때는 친한 사이니까 아무런 일도 일어나

지 않을 거라고 생각하고 빌려주지만 빌려주고 나면 후회되고 걱정이 되는 것이 금전이다.

 필자도 과거에 잘 아는 지인에게 고금리 이자를 받는 조건으로 돈을 빌려주고 지인의 사업이 부도 나는 관계로 돈을 돌려받지 못한 적이 있다. 특히 이자를 많이 주는 조건에는 더욱 조심해야 한다. 거절하지 못하여 마음 아픈 것보다 당당히 거절하는 것이 현명한 판단이다.

 두 번째, 술이나 식사 약속은 될 수 있으면 거절하라. 직장 생활을 하다 보면 친한 사람끼리 술이나 식사 약속을 자주 하게 된다. 아무리 허물없이 지내는 사이더라도 술을 마시게 되면 좋은 일보다는 안 좋은 일이 더 많이 발생한다. 직장에서 단체 모임으로 하는 자리는 모르지만, 개별적으로 약속을 자주 하여 시간과 비용을 낭비하는 소모적인 약속을 하지 않도록 하여야 한다.

 세 번째, 일에 대한 부탁은 분별해서 거절하라.

일에 대한 부탁은 동료든, 상급자든 분별하여 수용할 수 있는 일이면 대신해 줄 수 있다. 상대방이 급한 일이 발생하면 대신 처리하여 줌으로써 큰 힘 안 들이고 상대방에게 큰 도움을 주면서 자신도 칭찬받는 일이 되는 것이므로 자신이 감당할 수 있는 한도 내에서 일은 분별하여 거절과 수용을 판단하라는 말이다. 피치 못할 사정이 있다면 상대의 감정이 상하지 않도록 정중히 거절하라.

네 번째, 동업에 대한 제의는 단호히 거절하라. 동업은 거의 친한 관계에서 자주 일어나는 제의가 오가는데 사업은 동업해서 잘 되는 일이 거의 없다고 생각하면 된다.

많은 사람이 작은 사업이든, 큰 사업이든 자신이 혼자 노력해서 성공을 이루는 것이 마음이 편하고 서로 간에 분쟁을 피하는 길이 된다. 스노우폭스 김승호 전 CEO를 비롯한 대부분의 억만장자도 동업하지 않고 자수성가했다. 동업하여 성공한 사람보다 자수성가한 억만장자가 훨씬 많다.

 다섯 번째, 고수익에 대한 투자는 단호히 거절하라. 부동산이든 주식이든 비트코인이든 어떠한 투자라 하더라도 고수익이 보장된다는 일에 대해서는 누구의 부탁이나 권유에도 철저히 거절하여야 한다. 항상 고수익에는 함정이 있는 법이다.

 지인 중 한 사람은 기획 부동산에 속아서 평당 몇천 원짜리 토지를 수십만 원씩 주고 매입하여 큰 후회하는 사례를 보았고, 어떤 사람은 분양형 호텔에 고수익을 보장한다는 분양 대행업체에 속아서 큰 피해를 보는 사례를 보았다. 고수익의 유혹에는 철저히 거절하는 지혜를 가져야 한다.

 여섯 번째, 불법적인 일에 가담하는 행위에 대해서는 일언지하에 거절하라. 재물을 불법적으로 취하거나, 권력을 남용하는 일은 철저히 거절하라는 의미로서 혈연이나 지연, 학연 등 어떤 관계이든 불법적인 행위에 대해서는 언제나 당당하게 거절하여야 한다. 불법적인 일에 대하여 거절하지 못하면 평생 불명예를 안고 살아가야 하고 개인의 신상에도 큰 피해를 가져오게 되므로 철저히 거절하고 마음을 잘 다스려야 한다.

투자의 기재 워런 버핏은 "성공한 사람과 아주 성공한 사람과의 차이는 아주 성공한 사람은 거의 모든 것은 '아니요'라고 말한다는 점이다."라고 했다. 크게 성공한 사람일수록 거절을 잘한다는 뜻이다.

거절은 관계를 유지하면서 자신을 지키는 중요한 일이다. 거절하지 않는 것은 착한 사람이 아니라 쉬운 사람이 되는 것이다.

거절할 때는 일언지하에 거절할 것인지, 시간을 두고 여유를 가지면서 정중히 거절할 것인지를 결정해야 한다. 여기에는 현명한 판단과 용기가 필요하다.

"용기를 내어보라. 거절이 나를 살리는 길이다. "

행복의 문을 여는 감사하는 마음을 가져라.

 감사는 행복의 문을 여는 열쇠라고 말한다. 삶을 살아가면서 감사해야 할 일은 수없이 많이 발생하며 감사의 마음을 가지거나 감사하는 말은 자신의 정신과 육체를 건강하게 만들고 정서적으로도 행복을 키우는 원동력이 되는 것이므로 항상 감사하는 습관을 갖도록 노력하여야 한다.

 미국의 심층 뉴스 TV 프로그램의 진행자로 유명한 더 보라 노벌은 위대한 성공이 "감사합니다."라는 말을 자주 하는 사소한 습관에서 비롯된다고 했다. 감사하는 마음을 갖는 행동이 성공의 원동력이 된다는 의미이다.

 삶을 살아가면서 감사해야 할 대상은 친구의 도움에 대한 감사를 비롯하여 나를 위해 희생하는 가족에 대한 감사, 열심히 협력해 주는 동료에 대한 감사, 나의 건강을 치료해 주는 모든 분에 대한 감사, 어려울 때 봉사해 주는 이웃에 대한 감사, 나의 안전을 지켜주는 모든 분에 대한 감사, 나의 발전을 위해 헌신하는 은사에 대한 감사, 나를 고용해 주는 경영자에 대한 감사 등 감사해야 할 대상은 무수히 많으며 장소와 때를 가리지 않고 수시로 발생하게 된다.

 감사한다는 말을 자주 사용하게 되면 마음이 편해지고 자신감이 생기게 되므로 항상 행복하고 활기 있는 일상을 가지게 되므로 언제 어디서 든 감사하는 마음을 가져야 한다.

 탈무드에서도 " 세상에서 가장 행복한 사람은 감사하며 사는 사람이다."라고 하였다. 사소한 일에도 무심하게 지나치는 것보다 항상 감사한 마음을 표시하게 되면 상대방에게 존경받는 존재가 되며 나의 품격이 그만큼 높아지게 되는 것이다.

 매일매일 새로운 날을 맞이함에, 오늘도 건강함에, 정직한 사람과 함께할 수 있음에, 좋은 사람들과 대화할 수 있음에, 자유로운 삶을 영위할 수 있음에, 내 직장이 있음에, 보람과 긍지를 가질 수 있음에, 자유롭게 여행할 수 있음에 감사한 마음을 가지며 살아가야 한다.

또한 만물이 소생하고 꽃의 향연을 만끽할 수 있는 봄을 맞이할 수 있음에, 바다 풍경이 더욱 아름다운 여름을 맞이할 수 있음에, 기암절벽 오색 물결 화려한 단풍을 볼 수 있는 가을을 맞이할 수 있음에, 추위 속에서도 눈꽃 축제를 즐길 수 있는 하얀 겨울을 맞이할 수 있음에 항상 감사함을 간직하며 살아간다면 더욱더 행복하고 안정된 삶을 영위할 수 있을 것이다.

감사는 우리 삶을 획기적으로 변화시키는 강력한 힘을 가지고 있다. 감사하는 생각을 하면 모든 일에 긍정적인 마인드를 가지게 되고 이러한 긍정적인 사고는 큰 성공을 이루는 원동력이 되는 것이며 마음의 풍요와 행복을 가져다주게 되며, 육체적으로도 건강을 가져다주게 된다.

성공한 사람들의 공통적인 습관 중 하나는 감사의 일기를 쓰며 감사한 일을 실천하고 있다고 한다. 포스코 ICT에서도 감사 나눔 시스템을 기업 문화로 도입하여 감사 운동을 적극적으로 펼치고 있다. 직원들이 감사의 편지와 일기를 쓰면서 긍정 마인드가 확산되고 커뮤니케이션이 활성화되는 효과가 있다고 한다.

 필자도 5년째 하루에 감사한 일 5가지씩 일기를 쓰고 있다. 매일매일 감사한 일을 생각하고 메모하다 보면 마음이 편해지고 매사에 긍정적인 에너지를 불러일으키게 되며 부정적인 생각을 하지 않게 되어 행복한 하루하루를 영위할 수 있게 된다.

 고대 로마 정치가였던 키케로는 " 감사하는 마음은 최고의 미덕일 뿐만 아니라 모든 미덕의 어버이다. " 라고 하였다. 아름답고 갸륵한 덕행들이 감사하는 마음에서 우러나온다는 뜻이다.

감사는 탐욕을 없애 주는 것을 비롯하여, 각종 분쟁을 줄여주고, 불평불만을 줄여주고, 분노를 억제 시켜주고, 시기와 질투심을 없애주고, 근심과 걱정을 줄여주고, 스트레스를 감소시켜 주고, 두려움을 없애주고, 의심을 줄여주고, 배려심을 길러주고, 역경을 극복하는 데 힘이 되어주고, 긍정적인 마음을 갖게 하는 최고의 전도사이다.

또한 감사한 마음을 갖게 되면 행복 지수가 더욱 높아진다. 삶을 살아가면서 가장 많이 원하는 것은 무엇보다 행복하고 가치 있는 삶일 것이다. 더욱더 아름답고 풍요로운 삶을 원한다면 항상 감사하는 마음을 가져야 한다.

모든 사람과 일에 대하여 지금, 이 순간에도, 오늘도, 내일도 항상 감사하며 또 감사하라.

인사를 잘하는 사람이 좋은 평판을 얻는다.

 인사는 기본 예의이며 가장 힘 안 들이고 큰 투자를 하는 것이라 할 수 있다. 인사는 상대를 존경하는 의미로서 눈을 뜨는 순간부터 잠자기 전까지 일상으로 이루어지는 것이 인사다. 군대에서도 입대하는 장병에게 가장 먼저 교육하는 것이 인사하는 법이다. 그만큼 인사는 어떤 구성원이든 중요한 요소이다.

 교양학 전문가 전도근 교수는 < 부를 부르는 인맥 관리 기술 > 에서 " 인사하는 습관은 대인 관계 형성에서 가장 좋은 통로이며 수단이다."라고 했다. 인사가 대인 관계를 형성하고 유지하는 데 중요한 바탕이 된다는 의미이다. 인사는 가족을 비롯하여 이웃, 학교, 직장, 관공서, 길거리 등 마주치는 모든 사람과 주고서 받는 행동으로서 잘하고 못 하고에 따라서 그 영향은 매우 크다고 할 수 있다. 인사를 잘하면 일단 예의 바르게 평가를 받고 인사를 잘하지 않는 사람은 예의범절이 없다는 말을 듣는다.

 회사에서도 어떤 직원은 아침에 한번 점심 식사 때 한번 퇴근 때에 한 번 꼬박꼬박 인사하는 직원이 있는가 하면 어떤 직원은 아침에 한 번 하는 둥 마는 둥 하는 직원이 있다. 같은 직위의 직원이라면 인사 잘하고 예의가 바른 직원이 좋은 인사 고과를 받을 것이다.

 좋은 평가를 받을 수 있는 인사하는 요령을 알아보면 다음과 같다.

1. 진심이 담긴 인사를 하라.
2. 정중히 인사하라.
3. 하루에 3번 이상 인사하라.
4. 눈을 마주치면서 밝은 표정으로 인사하라.
5. 말을 덧붙이면서 인사하라.

 첫 번째, 진심이 담긴 인사를 하여야 한다. 인사를 한다는 것은 상대방을 존경하는 뜻이 담겨있는 예의이므로 항상 형식적인 인사가 아닌 진정성이 있는 인사를 주고받아야 서로 간에 신뢰가 쌓이는 것이다. 사람의 마음을 감동시키는 것은 진정성 있는 말과 인사라는 것을 잊지 말아야 한다.

두 번째, 정중히 하라. 아침에 첫 인사가 하루 종일 영향을 미칠 수 있으므로. 상급자든, 거래처이든, 모든 사람에게 거만하거나 건방진 인사 방법은 좋은 평가를 받을 수 없는 것이므로 인사를 할 때는 항상 정중히 하는 습관을 지녀야 한다.

세 번째, 하루에 3번 이상 인사하라. 보통 직장인을 기준으로 볼 때 아침에 한번 점심 식사 때에 한 번 퇴근 때에 한 번 하는 것이 표준이라 할 수 있는데 때와 장소에 따라서 인사의 종류가 다양해진다. 출장 때에나 휴가 시, 여행 때, 여러 가지 행사 때 등에 따라 인사가 많이 늘어나는데 그때그때 상황에 맞추어 인사를 하면 된다. 인사를 주도적으로 하게 되면 서로의 관계가 더욱더 가까워질 것이다.

네 번째, 눈을 마주치면서 밝은 표정으로 인사하라. 심리학자에 의하면 눈맞춤은 호감과 존중을 느끼게 한다고 한다. 인사할 때는 항상 눈을 보면서 밝은 모습으로 하는 습관을 들여야 한다. 밝은 표정은 서로 간에 친밀감을 간직하게 하는 에티켓이 된다. 어두운 표정으로 축 처진 모습으로 하는 인사는 분위기를 흐리게 할 수 있으므로 항상 밝은 표정으로 인사하도록 노력하여야 한다.

다섯 번째, 말을 덧붙이면서 하라. 인사를 하면서 아무런 말을 하지 않는 것보다 '안녕하세요' '점심 많이 드세요' ' 안녕히 가세요'라고 인사말을 덧붙이는 것이 확실하게 피드백이 되므로 항상 인사말을 덧붙이면서 인사 하여야 한다.

인사는 습관이다. 우리나라 모 회사의 고객 센터에서 인사말 " 사랑합니다."를 만들고 적응시키는 데 6개월이 걸렸다고 한다. "사랑합니다."라는 표현은 혼돈될 수 있는 말이지만 이런 표현으로 회사는 많은 칭찬과 회사를 알리는 데 큰 효과를 얻을 수 있었다고 한다.

 어떤 것이든 좋은 인사 습관은 개인이든 직장이든 변화와 혁신을 이끄는 원동력이 되는 것이다.

 "출필고 반필면(出必告反必面)"

 예기의 곡례편에 나오는 고사성어이다. 나갈 때는 반드시 아뢰고 들어오면 반드시 얼굴을 뵌다는 뜻으로 자식은 부모에게 어딜 가면 어디로 언제 가는지, 돌아왔으면 얼굴을 보여 주고 잘 다녀왔다고 인사를 하라는 말이다.

 인사는 가정에서뿐 아니라 사회생활을 하면서 매우 중요한 요소이다. 다른 사람에게 예의를 갖추고 존중하는 것은 자신을 빛내는 일로 항상 인사하는 습관을 지녀야 한다.

 동탄 신도시 모 교회에 " 인사만 잘해도 먹고

산다. " 라는 표어가 걸려 있다. 인사를 잘하는 사람이 성공 확률이 높다는 의미이다. 엘리베이터에서 마주치는 모든 이웃과 운동하면서 마주치는 모든 사람에게, 직장에서 만나는 모든 사람한테 먼저 인사한 습관을 지녀보자.

"인사는 나를 더욱더 매력적인 사람으로 만드는 무기이며 행복을 전하는 마법의 말이다"

든든한 인맥이 훌륭한 자산이 된다.

"출문여견대빈" (出門如見大賓)

 논어에 나오는 구절로서 밖을 나설 때는 큰 손님을 대하는 것같이 하라는 뜻이다. 사람이 태어나서 일생을 살아가면서 좋은 인연을 맺는 것은 매우 중요한 일이다. 사람은 어떠한 일도 혼자서는 일을 성공적으로 이루어 내기가 어렵기 때문에 많은 사람과 더불어 살아가야 한다.

 많은 사람과 어울려 살아가면서 나쁜 인연도 있지만 좋은 인연이 나를 성공시키는 데 매우 중요한 역할을 할 수 있으므로 언제 어디서나 인연을 소중히 여겨야 한다.

 영국의 인류학자이자 옥스퍼드 대학교 로빈 던바 교수는 진정으로 사회적 관계를 맺을 수 있는 최대한 인원은 150명이라고 했으며, 그중에 끈끈한 관계를 유지하는 사람은 20명 정도라고 했다. 당신은 진정으로 당신 편이 되어줄 수 있는 좋은 사람이 몇 명이나 되는지 생각해 보라.

미국 LMT 법무 자문 위원인 쑤린은 < 어떻게 인생을 살 것인가 > 인맥을 넓히려면 자신만의 인간관계를 구축하여야 하는데 그 방법은 " 적극적으로 사람을 사귀어라. 선택적이고 차별화된 대우를 하라. 자주 연락을 하고 지내라" 등 세 가지를 강조했다.

사람을 사귀는데 두려움을 버려야 하고 자신과 좋은 관계를 유지할 수 있는 중요한 사람을 사귀어야 하고 평소 자주 연락하여 유대 관계를 돈독히 쌓을 수 있는 사람을 사귀라는 의미이다.

가장 쉽게 좋은 인맥을 만드는 방법을 알아보면 다음과 같다.

1. 학교 동창 인맥 만들기
2. 취미 활동에서 만나는 모든 사람에 대하여 인맥 만들기

3. 고향 친구 인맥 만들기
4. 직장에서의 인맥 만들기
5. 블로그나 카페 등 SNS를 통한 인맥 만들기

 다섯 가지 인맥 만들기 방법을 자세히 알아보면 첫 번째, 학교 동창 인맥 만들기는 초등학교부터 대학교까지 많은 동창이 있다. 학교 동창은 가장 쉽고 가장 많이 인맥을 만들 수 있는 관계로 평소 동창 모임이나 각종 행사에 빠짐없이 참석하여 유대 관계를 지속해서 유지하여야 한다.

 여러 가지 사유로 많은 인맥이 있음에도 관계를 소홀히 하게 되면 정작 도움이 필요할 때 도움을 받지 못하고 낭패를 볼 수 있으므로 학교 동창은 황금 같은 인맥이므로 가장 많이 신경을 써야 할 인연인 것을 잊어서는 안 된다.

 필자도 현재 초등학교 동창을 가장 자주 만나고 있으며 가장 많은 인맥을 형성하고 있다.

두 번째, 취미 활동을 통한 인맥 만들기는 다양한 인맥을 만들 수 있는 수단이 되는 것으로서 나의 취미 활동도 하면서 새로운 인연을 갖게 되므로 열정을 가지고 취미 활동을 할 필요가 있다. 축구 동우회든, 테니스 동우회든, 등산 동우회든, 독서 모임이든, 취미 활동을 하면서 만나는 인연은 모두 새로운 사람들을 만날 수 있고 인맥을 넓혀 갈 수 있는 최고의 방법이 되므로 각종 동우회에 가입하는 것도 인맥 형성에 많은 도움이 된다.

 필자도 배드민턴 동우회에 나가면서 많은 사람을 알게 되어 다양한 정보를 얻고 좋은 인간관계를 유지하고 있다.

 취미 활동을 즐겁고 유익하게 하기 위해서는 어떤 취미이든 어느 정도 실력을 갖추어야 한다. 통상 동우회에 나가보면 거의 실력이 출중한 사람들이 많다. 실력이 없으면 뒷바라지하기 십상이므로 실력을 갖추어야 좋은 인맥을 형성시킬 수 있다. 는 점 유념하여야 한다.

세 번째, 고향 친구 인맥 만들기는 어릴 때 같이 생사고락을 함께한 친구들이며 가장 친한 관계라 할 수 있다. 고향 친구는 누구나 할 것 없이 언제나 잊을 수 없는 관계이고 항상 편하게 만나면서 좋은 관계를 유지 할 수 있는 보석 같은 귀한 인연이므로 항상 귀하게 여기고 멀어지지 않도록 많은 신경을 써야 한다.

필자도 고향 친구들이 고등학교 때부터 멀리 떨어지기 시작했지만, 현재까지 고향 친구 모임에 참석하고 있으면서 좋은 친구로서 서로 간에 우정을 끈끈하게 유지하고 있다.

네 번째, 직장에서 인맥 만들기는 직장 내에서 동료나 상급자 모두가 좋은 인맥이 된다. 직장에서의 인연은 다른 어떤 인연보다 중요하다고 볼 수 있다. 같이 근무하는 동안 일 처리 능력이라든지 성격, 인성, 습관, 태도 업무 실력 등 모든 것을 직접 보고 평가되는 장소가 되므로 자신이 승승장구하는 데 많은 도움을 주고, 받을 수 있다.

필자가 D제지 회사에 근무할 때도 총무부 부장님으로 모시던 분이 다른 회사로 옮기면서 필자를 스카우트하여 함께 근무한 좋은 인연이 있다. 직장에서는 한 직장에서 오래 근무할 수도 있지만 자신이 능력 여하에 따라 언제 어디서 스카우트 될 수가 있으므로 어떤 관계보다 소중한 인연으로 관리를 하여야 한다.

 다섯 번째, 디지털 시대 SNS는 정보의 허브라 말할 수 있다. 블로그나 카페 등 SNS를 통한 인맥 만들기는 최근에는 SNS가 대세가 된 관계로 많은 사람이 SNS를 활용하고 있다.

 블로그나 카페. 인스타그램, 페이스북, 유튜브 등을 이용하는 인연은 직접 만나는 것이 아니므로 꾸준히 소통하면서 자기 자신을 브랜드 시켜야 한다. 또한 블로그는 1인 미디어로서 많은 독자가 생기게 되면 인연을 맺음과 동시에 미디어 운영 소득이 발생하게 되므로 자주 방문하여 꾸준히 관리할 필요가 있다.

많은 1인 창업자가 유튜브나 블로그를 운영하는 것이 필수 시대가 되었다. 블로그는 얼마나 자주 방문해서 좋은 글과 새로운 정보를 줄 수 있느냐에 승패가 갈린다. SNS를 운영하는 사람은 꾸준하게 방문하고 좋은 정보와 좋은 글을 올리는 데 많은 노력을 하여야 한다.

 나는 군 복무 시절에 지휘관으로 모시던 모 대학 학군단 B 단장님을 만난 것이 나의 운명을 360도 바꿔놓았다. B 단장님은 필자보다 1년 먼저 전역 후 곧바로 S 기업 공장장으로 취업하여 계시면서 1988년 필자가 군 전역 후 다른 회사에 입사하여 재직 중이었는데 1990년 필자에게 스카웃을 제의하여 회사에서도 몇 년간 함께 근무한 적이 있고 그 이후 필자가 다양한 경험을 토대로 더 큰 중견 그룹으로 이지한 적이 있다. 그러한 인맥의 영향으로 전공 분야와는 다르지만, 다양한 분야에서 경험을 쌓을 수 있는 계기가 되었다.

 회사에 근무할 때도 인허가 사항에 대하여 잘

모르는 분야가 있으면 관공서에 잘 아는 담당자가 있으면 많이 배울 수 있는 장점이 있다. 필자가 인사업무를 맡고 있든 2010년도에 회사에 근무하던 직원이 공무원으로 합격하여 시청에 근무한 관계로 많은 분야에 대하여 질의하고 도움을 받은 적이 있었다.

 세무 회계 업무에도 잘 아는 지인이 세무사로 있는 관계로 법인 결산이라든지 양도세 신고에 대하여 많은 도움을 받은 적이 있다.

 멀리 가려면 함께 가라는 말이 있다. 성공적인 삶을 살아가려면 인맥 관리도 매우 중요한 요소이다. 지금은 인터넷이나 블로그, 카페, 인스타그램, 페이스북 등을 통하여 끊임없이 인맥을 형성하는 방법이 발전하고 있다.

이러한 시대에 좋은 인맥을 지속해서 유지하기 위해서는 부지런히 노력하여야 한다. 부지런함이 인맥 관리의 신의 한 수라 말할 수 있다.

사람은 공동체 조직을 떠나서는 어떠한 일도 혼자는 해낼 수 없다. 때문에 인맥이 중요한 것이다. 나는 지금도 평소 잘 알고 지내는 모 은행 투자 전문가인 K 차장에게 많은 정보를 얻고 있으며 증권 회사에도 잘 아는 직원이 있는 관계로 배당주 투자에 대하여 많은 조언을 받고 있다. 또한 친하게 지내는 공인 중개사와 자주 만나서 많은 투자 정보를 얻고 있다.

 인생을 살아가면서 많은 사람을 안다는 것은 다양한 측면에서 여러 가지 도움을 얻을 수 있는 장점이 있다. 특히 부를 이루는 데는 혼자서 공부하여 터득하는 것도 중요하지만 능력 있는 멘토나 평소 잘 알고 지내는 지인, 친구, 교사, 선후배를 만나서 직, 간접적인 도움을 받게 되면 훨씬 빨리 부를 쌓을 수 있다.

 직장인이든, 사업가든, 정치가든, 예술가든, 스포츠 선수이든 어떤 일을 하는 사람이든 내 편이 되어줄 좋은 인맥이 많다는 것은 성공을 앞당기는 토대가 될 수 있으므로 생면부지의 사람이라도 인연을 소중히 여기도록 적극적으로 노력하여야 한다.

 옷깃만 스쳐도 인연이라는 옛말이 있다. 인맥 관리에 정성을 다하라. 사람이 재산이다.

제3장 : 인생을 성공으로 이끄는 지혜

" 성공의 비결은 남들이 잘 때 공부하는 것, 남들이 빈둥거릴 때 일하는 것, 남들이 놀 때 준비하는 것, 남들이 바라기만 할 때 꿈을 갖는 것이다. "
 *** 벤저민 프랭클린 ***

대체할 수 없는 탁월한 역량을 갖추어라.

"제 인생에서 공짜로 얻는 건 하나도 없어요. 전부 죽어라 하고 노력해서 얻은 결과물이라고 믿어요." 2020년 가장 멋진 골을 넣는 선수에게 주는 푸스카 상을 받은 축구 선수 손흥민의 말이다.

그는 2021~2022시즌 23골을 넣어 잉글랜드 프리미어리그 공동 득점왕에 올랐으며 아시아 선수 역대 최다 득점이란 기록을 세웠으며, 아시아 선수 중 최고 몸값을 받았고 시장 가치 1,024억 원으로 1위에 올라 세계적인 스포츠 스타의 반열에 올랐다.

그가 국가 대표 선수와 아시아 선수로서 세계적인 축구 선수로 성장할 수 있었던 것은 아버지의 트래핑을 비롯하여 패스, 슈팅 등 기본 기술에 대하여 훌륭한 가르침과 더불어 세계적인 무대에 진출하겠다는 강한 집념으로 피나는 훈련과 노력이 있었기 때문이다.

세계적으로 탁월함을 인정받는 스타 선수가 되려면 부상과도 싸워야 하고 다른 선수보다 많은 골을 넣어야 한다는 부담감과도 싸워야 하며, 누구보다 탁월한 기술을 터득하여야 함은 물론 자신과의 싸움에서도 이겨야 한다. 이러한 모든 역량을 갖추기 위해서는 재능도 있어야겠지만 무엇보다 중요한 것은 그의 말처럼 죽으라 노력이 필요한 것이다.

메이저 리그를 열광의 도가니로 만들고 있는 오타니 선수는 2024년 9월 50홈런 50도루라는 독보적 기록을 세웠다. 그도 이러한 기록을 세우는 데에는 어릴 때부터 피나는 노력이 있었기 때문이다.

" 제 음악이 깊어 지기를 원했는데 관객들에 진심이 닿았다면 그것으로 만족한다"라고 말한 신들린 연주자 임윤찬은 2022년 반 클라이번 국제 피아노 콩쿠르에서 우승과 함께 청중상과 비벌리 테일러 스미스 특별상까지 3관왕을 차지했다. 또한 세계 3대 음악 경연에 버금가는 권위를 인정받는 이 대회 60년 역사상 최연소 우승을 하였으며 10만 달러 상금과 3년 동안 월드 투어 기회도 획득했다.

그가 오늘날 세계적인 피아니스트의 자리에 오를 수 있었던 것은 밥 먹는 시간 외에는 피아노를 쳤을 정도로 피나는 노력을 하였기 때문이다.

어느 분야든 마찬가지이다. 본인이 맡은 업무에 대해서는 탁월한 실력을 갖추어야 성공할 수가 있는 것이다. 그 분야에서 최고가 되면 스카우트는 물론 인사 고과 점수도 잘 받을 수 있는 것이며 승진도 다른 사람보다 월등히 앞서 승진할 수 있을 것이다.

내 주변에 친한 친구 중에 B 사장은 조경석을 쌓는 기술자로서 조경석을 쌓는 데는 누구보다 실력이 탁월하다. 조경석은 세워서 높이 쌓는 공사가 많은 것이 특징이다. 안전하면서 아름답게 쌓기 위해서는 상당한 기술이 요구된다. 그는 이러한 기술만큼은 누구도 대체 할 수 없는 역량을 가지고 있다. 그러한 관계로 보수도 다른 사람보다 많이 받으며 여러 곳에서 일도 꾸준하게 의뢰가 들어온다. 탁월한 역량이 자신을 성공으로 이끄는 배경이 되는 것이다.

철학자 아리스토텔레스는 " 탁월함은 행동이 아니리 습관이다."라고 했다가. 탁월함은 반복적으로 행하는 것에 의해 이루어진다는 의미이다.

회사에서도 실력이 탁월하여 승승장구한 직원을 보면 항상 다른 직원들보다 일찍 출근하여 공부하고 사전 준비를 철저히 하는 습관을 지니고 있으며, 적극적인 사고로 꾸준히 노력하고 기술 개발과 변화와 혁신에 앞장서고 있다.

회사 내 엔지니어 파트에 근무하는 K 과장의 사례를 살펴보면 입사한 지 10년이 지났음에도 불구하고 엔지니어로서 기계 설비 및 운전에 대한 실력이 변변치 못하여 상급자로부터 잦은 질타를 받고 만년 과장에 머물고 있다. 입사한 지 5년밖에 안 된 L 대리는 엔지니어로서 기계 분야에 탁월한 실력을 갖추어 많은 직원으로부터 칭송이 자자하며 과장으로 승진 예정이다.

 L 대리는 평소 일찍 출근하여 공부하고 매사에 적극적인 자세로 배우려는 의지를 갖추고 부단히 노력한다. 남들을 보다 월등한 실력을 갖추기 위해서는 남다른 노력이 필요하다. 모든 성취는 그저 이루어지는 것이 아니다.

 우리가 인생을 살아가는 목적은 부와 명예를 높이고 행복을 추구하는 데 그 목적이 있을 것이다. 이러한 풍요와 행복을 누리기 위해서는 어느 분야에서 일을 하든 최고가 되도록 노력하고 매사에 전심전력 다하여야 한다.

 낭중지추(囊中之錐)란 고사성어가 있다. 고대 삼국 시대 유비의 책사 제갈량처럼 뛰어난 재능과 역량을 가지게 되면 비록 은둔하거나 숨어 있더라도 저절로 그 실력이 세상에 알려진다는 의이다.

 능력이 있으면 누구든 많은 혜택을 받으며 훌륭한 인재로 등용될 수가 있는 것이므로 공직에 있든, 일반 직장에 있든, 스포츠 선수로 있든, 예술가로 있든, 각계각층의 전문가로 있든 항상 누구도 대체할 수 없는 최고의 실력을 갖추도록 최선을 다하여야 한다.

준비된 사람만이 성공의 기회를 얻는다

 "일은 대부분 미리 준비하고 시작하면 걸려 넘어지는 일이 없다. 일은 미리 준비하면 곤란을 겪지 않는다. 행상을 미리 닦아 놓으면 양심에 거리낌이 없다. 도리 또한 미리 정해놓으면 궁할 것이 없다." 중용에 나오는 말로서 매사에 준비를 철저히 하면 어려움을 겪을 일이 없다는 뜻이다.

 일상에 있어서 준비를 미리 한다는 것은 매우 중요하다. 가정에서 나 직장에서 나 어떤 장소에서 든 누구나 할 것 없이 어떠한 일을 시행하면서 준비를 잘하여야 당황하지 않고 실수 없이 완벽하게 일을 처리 할 수 있다.

 미리미리 준비하는 습관이 되어있지 않은 사람들은 항상 쫓기는 마음으로 각종 시행착오를 겪을 수밖에 없으며 후회와 질책이 반복하여 따를 수밖에 없게 된다.

학생이면 학생 나름대로 준비하는 일이 있는 것이고, 직장인이면 직장인으로서 준비하여야 할 일이 있을 것이며, 사업하는 사람이면 사업가로서 준비하고 계획하는 일이 있을 것이다.

 여행하든, 출장을 가든, 각종 행사를 하든, 강연을 하든, 시험을 보든, 스포츠 경기를 하든, 훈련을 하든, 창업을 하든, 결혼을 준비하든, 노후 준비를 하든, 어떠한 일을 하던 일을 추진하는 데 있어서 사전에 준비하는 습관과 노력은 매우 중요한 것이라 할 수 있다.

 충무공 이순신 장군은 전라 좌 수사로 재임하면서 왜란이 일어날 것을 대비하여 판옥선과 거북선을 만들고 훈련을 충실히 하여 만반의 전쟁 준비를 한 결과 연전연승하는 전과를 올렸다. 군비 부족 등 어려운 환경하에서도 왜란이 일어날 것을 대비하여 만반의 전쟁 준비를 하는 그의 호국정신은 24전 24승이란 놀라운 승리를 거두는 계기가 되었으며 역사적으로 매우 훌륭한 업적을 남겼다.

이러한 사례는 유비무환의 중요성을 깨닫게 하는 훌륭한 본보기라 할 수 있으며, 미리미리 준비하고 대비하면 어떠한 위기가 닥쳐오더라도 슬기롭게 헤쳐 나갈 수 있는 것이다.

 존 맥스웰은 "재능과 기술의 차이는 준비다"라고, 말했다. 재능이 있어도 준비하고 연습하지 않으면 높은 수준의 기술을 가질 수 없다는 의미이다.

 올림픽 금메달을 따는 것도 피땀 흘리면서 준비하지 않으면 어렵고 시험에 합격하는 것도 많은 준비를 하지 않으면 어려운 것이며, 아무리 재능이 뛰어난 스포츠 선수나 예술가라 할지라도 준비를 많이 하지 않으면 훌륭한 솜씨를 보여 줄 수 없는 것이다.

 미리미리 준비하는 사람은 마음에 여유가 생기고 어떠한 일을 하여도 자신감이 생기며, 계획한 일들에 대하여 목표를 성공적으로 달성을 할 수 있다.

손흥민 선수가 세계적인 축구 선수가 될 수 있었던 것도 어릴 때부터 준비를 철저히 한 덕분이며, 임윤찬 피아니스트가 윤이상 국제 음악콩쿠르와 반 클라이번 국제 콩쿠르대회에서 우승할 수 있었던 것도 준비를 철저히 했기 때문이다.

링컨은 "나는 공부하고 스스로 준비할 것이다. 그러면 언젠가는 기회가 찾아온다."라고 했다. 철저히 준비하고 노력하다 보면 언제인가 좋은 기회가 찾아온다는 뜻이다.
 매사에 만반의 준비를 하면서 살아가야 황금 같은 기회를 놓치지 않는 것이며 어떠한 위험이 닥치더라도 적극 대처할 수 있다.

 "열심히 준비하면 성공할 수 있는 기회는 반드시 찾아온다."

 필자가 1984년 군 복무 시절에 부대에서 매년 사격 대회를 한 적이 있었다. 이 대회에서 우승을 목표로 사전에 연습을 반복하면서 준비를 철저히 한 결과 최고 성적으로 우승이란 영광을 얻을 수 있었다.

올림픽에 출전하는 선수들도 마찬가지로 사격을 잘 하려면 두려움을 극복하고 침착해야 한다. 실전이라 생각하고 피나는 연습을 하게 되면 두려움이 사라지고 누구나 좋은 성적을 올릴 수 있다.

1987년에도 여단 예하 대대별 성가대 합창 경연대회에서 우수한 성적을 거둔 적이 있다. 성가대 인원은 장병과 군인 가족들을 포함하여 구성하여야 하므로 어려움이 많았지만 한 달 동안 불철주야 연습하고 철저한 준비를 한 끝에 장려상이라는 좋은 성적을 거둘 수 있었다.

나는 현재에도 항상 미리 준비하는 습관을 지속적으로 유지하고 있다. 노후를 위하여 다양한 연금 파이프라인을 구축하고 있으며, 다음날 할 일에 대한 시간 계획표를 작성하는 것을 비롯하여 연간 및 월간 계획표 작성하기, 한 달간 지출할 비용을 메모하고 준비한다.

 그 외에도 출근 후 회의 및 업무 준비, 작업 준비 등 모든 일에 대하여 준비를 철저히 하여 마음의 여유를 가지며 사소한 시간과 힘이 낭비되는 일이 없이 짜임새 있게 관리하고 있다. 사전에 준비를 철저히 하는 습관을 지녀야 실수를 없애고 많은 시행착오를 줄일 수 있는 것이다.

 중국의 가장 오래된 시가집인 시경에 상토주무(桑土綢繆)란 고사성어가 있다. 장차 닥쳐올 재난이나 환란을 대비하여 미리 준비한다는 뜻이다. 미리 준비하지 않고 문제가 발생 된 뒤에 황급히 준비하게 되면 사후 약방문이나 마찬가지이므로 항상 미리미리 준비하는 습관을 지녀야 실패를 줄이고 목표와 성공을 이룰 수 있다.

 성공한 사람들의 성공 비결은 대부분 아침 일찍 일어나서 남들보다 한발 앞서 준비한다. 스퀘어 최고 경영자 "잭 도시"를 비롯하여 버진 그룹 설립자 "리처드 브랜슨" 등 많은 글로벌 리더도 아침 6시 이전에 일어나서 운동과 명상 그리고 독서하면서 하루 일을 준비한다고 한다. 성실하고 준비하는 습관이 성공을 이루는 비결이 되는 것이다.

인생을 살아가다 보면 언제 어디서 어떠한 일이 발생할지 모른다. 매사에 준비하고 대비하는 습관을 지녀야 성공적인 삶을 살아 나갈 수 있다.

"기회는 항상 준비하는 사람에게만 찾아온다."

도전이 없으면 아무일도 일어나지 않는다.

 도전경성(挑戰竟成)이란 말이 있다. 뜻이 있는 사람은 결국 그 일을 이룰 수 있다는 유지자사경성(有志者事竟成)의 문구에서 나온 고사성어로 전한(前漢) 말기 광무제 유수가 전승장군 경엄 에게 치하한 데서 유래 되었다. 실패를 두려워하지 말고 도전하면 성공할 수 있다는 의미이다.

 도전의 종류에는 경제적 자유를 이루기 위한 도전을 비롯하여 올림픽 금메달을 도전하는 스포츠 선수들의 도전, 메이저 리그에 도전하는 야구 선수들의 도전, 공무원 시험에 도전하는 수험생들의 도전, 유명 대학에 합격하기 위한 학생들의 도전, 자격증을 따기 위한 도전, 책을 출간하기 위한 작가 지망생들의 도전, 신제품을 개발하기 위한 도전, 에베레스트 정상에 오르는 산악인의 도전, 최고 지도자가 되기 위한 정치 지도자들의 도전 등 여러 가지가 있다.

이러한 도전을 성공으로 이끌 수 있는 것은 특별한 것이 없다. 링컨 전 대통령처럼 오로지 끝까지 포기하지 않고 계속하여 도전하는 사람이 성공이라는 열매를 맛볼 수 있다.

 수많은 사람이 성공을 위하여 도전을 반복한다. 도전을 하는 사람 중에는 끝까지 포기하지 않고 성공을 이루는 사람도 있고 중간에 포기하는 사람도 있을 것이다. 많은 실패에도 불구하고 포기하지 않고 성공을 이루어 낸 사람들은 수없이 많지만, 대표적으로 6명을 알아보면 다음과 같다.

 첫 번째, "우리에게 최대의 약점은 포기하는 것이다."라고 말한 토머스 에디슨이다. 그는 천 번의 실패를 거듭한 끝에 백열등을 개발한 발명왕이다. 그가 백열등을 비롯하여 축음기, 영화 카메라, 알칼리 축전지 등 수많은 혁신적인 발명품을 만들어 낼 수 있었던 것은 수많은 실패에도 불구하고 포기하지 않고 끊임없이 도전하고 노력하였기 때문이다.

두 번째, "실패할 때마다 성공으로 가는 문은 다가오는 것이다. 왜냐? 더 이상 실패할 이유들이 사라져가기 때문이다."라고 말한 김승호 스노우폭스 전 CEO이다. 그는 7번의 사업 실패를 거듭한 끝에 세계 최대의 도시락 회사 스노우폭스를 창업하였으며 2023년 회사를 약 8천억 원대에 매각하면서 수퍼리치의 반열에 올랐다.

그가 수많은 사업 실패를 거듭하였음에도 수천억대 자산가가 될 수 있었던 것은 그의 가족 응원과 목표를 명확하게 설정하고 좌절하거나 포기하지 않고 끝까지 도전하였기 때문이다.

세 번째, 일본의 킬러라고 불리는 김미정 전 국가 대표 유도 선수이다. 그는 원래 투포환 선수였으나 유도부 훈련을 보고 유도가 나와 적성에 맞겠다고 생각하고 유도로 종목을 바꾸기로 결심하였다.

많은 사람이 고등학생이 종목을 바꾸는 것을

보고 부정적으로 말했지만, 불가능은 없다는 강한 집념으로 2년 동안 피나는 훈련을 거듭하여 1990년 북경 아시안 게임에서 금메달을 따는 파란을 일으켰다. 그 후 1992년 바르셀로나 올림픽에서 세계 최강 일본 다나카를 무찌르고 세계 챔피언이 되었다.

 그가 한국 역사상 여자 유도 최초 금메달을 따낼 수 있었던 것은 강한 도전 정신이 있었기 때문이다. 그의 강한 도전 정신은 많은 후배 선수에게 훌륭한 귀감이 되고 있다.

네 번째, 많은 사람으로부터 "사람을 완전히 도취시키는 그의 목소리는 천상의 하모니와 관능적인 유혹을 동시에 느끼게 한다."라고 극찬을 받았던 엔리코 카루소이다. 그는 교사로부터 너의 목소리는 창문 틈으로 새어 들어오는 바람 소리 같다며 거친 소리 때문에 음악을 할 수 없다는 비판을 받았지만, 어머니의 격려와 응원으로 포기하지 않고 피나는 노력을 한 끝에 세계적인 테너 성악가가 되었다.

 다섯 번째, "이제 나는 죽음이요. 세상의 파괴자가 됐다." 라고 말한 미국의 물리학자 로버트 오펜하이머 이다. 그는 윤리 문화 학교를 우수하게 졸업했지만, 한때 병마와 1년간 싸웠다. 그 후 하버드대 화학과에 입학하여 건강이 완전히 회복되지 않은 상황에서도 포기하지 않고 3년 만에 학과 과정을 모두 마치고 졸업하였다.

 그는 좋은 직장에 취직할 수 있었지만, 영국 케임브리지 대학교와 독일 괴팅겐 대학교에서 계속 물리학 연구에 몰두하였으며, 1942년~1945년까지 맨해튼 프로젝트의 일환인 암호명 " 매그너스"로 활동하면서 원자폭탄 계발에 참여하여 1945년에 원자폭탄을 개발 완료하였다. 오늘날 그를 원자폭탄의 아버지라고 부르는 이유는 병마와 싸우면서도 끝까지 좌절하지 않고 도전하여 성공적으로 원자폭탄을 개발하였기 때문이다.

여섯 번째, 20번 이상 도전하여 성공한 설하운 가수 이야기이다. 그는 초등학교 때 친척 결혼식에서 축가로 < 타아타닉 > 주제곡을 부르면서 본격적인 가수의 꿈을 품게 되었다. 6학년 때 가수가 되기로 결심하고 오디션을 보러 다녔지만, 가수 되는 길은 평탄치 않았다.

 오디션에 여러 번 떨어지고 합격 후에도 걸 그룹을 준비하다 보면 갑자기 무산되고 회사가 망하기도 했다. 그런 횟수가 20~30번 계속되었고 12여년간 아이돌 연습을 하였지만, 대중의 스포트라이트를 받지 못했으며 마지막 걸 그룹이 실패하고 슬럼프에 빠졌다.

 어려운 환경으로 카페 서빙과 백화점 등에서 아르바이트를 하면서 가수의 꿈을 이어 가던 중 2015년 모 방송국 오디션에서 600대1의 경쟁률을 뚫고 합격하여 2016년 <신고할 거야>로 데뷔에 성공했다. 그 후 <남자는 여자를 귀찮게 해> <눌러 주세요> <콕 콕 콕> <사각사각> <살아가누나> <사랑의 신호등> <속담

파티> <설렌다. 굿싱> 등 많은 히트곡을 남겼으며 군통령이라 말할 정도로 군부대에 공연을 활발하게 하고 있으며 잡지 맥심 표지 모델에도 연속 선정되기도 했다.

 그가 수십 번의 오디션에 탈락하고, 1년 넘게 슬럼프에 빠지기도 했지만, MBC 가요 베스트 대제전 신인상을 받고, 군통령으로 불릴 만큼 유명한 가수가 될 수 있었던 것은 포기하지 않고 도전하고 도전하였기 때문이다. 삶을 살아가다 보면 누구를 막론하고 실패라는 시련에 부딪히는 경우가 있을 수 있는 것이다. 이러한 어려운 상황에서도 쉽게 포기하거나 좌절하지 않고 도전하다 보면 꿈을 이루어 낼 수가 있다.

 미국 역사상 가장 위대한 농구 감독이자 웨스트우드의 마법사 존 우든은 " 성공했다고 끝난 것이 아니고 실패했다고 망한 것이 아니라 진정으로 중요한 것은 계속해서 나아갈 수 있는 용기인 것이다."라고 했다. 성공하든, 실패하든 멈추지 말고 계속 노력하라는 의미이다.

대부분 사람이 성공하지 못하는 이유는 성공을 맛보기 바로 그 직전까지 계속되는 실패와 좌절을 극복하지 못하고 포기하기 때문이다. 성공이라는 것은 처음부터 쉽게 이루어지는 것이 아니다. 수십 차례 수백 차례 실패를 거듭하다 보면 성공의 결실을 맺을 수 있다.

인간은 실패와 좌절을 반복하며 성장하고 발전한다. 실패를 교훈 삼아 도전하고 또 도전하라. 실패만큼 좋은 경험은 없다.

"도전하지 않으면 아무런 일도 일어나지 않는다."

결단이 위대한 성공을 이룬다.

 결단력은 결정적인 판단을 하거나 단정을 내릴 수 있는 능력을 말한다. 어떠한 일을 실행함에 있어서 과감하게 결단을 내리는 것은 삶에 있어서 매우 중요한 요소이다. 대부분 성공한 사람들은 결단이 빠르고 결정은 오래 걸리며, 성공하지 못한 사람들은 결단이 느리고 결정을 쉽게 바꾼다고 한다.

 영국에서 가장 빠르게 자수성가한 입지적인 인물 롭 무어는 < 결단> 에서 지금 시작하고 나중에 완벽해져라." 라고 했다. 최악은 아무것도 결정하지 않는 태도이므로 일단 결정하고 결과에 대하여 최선을 다하라는 의미이다.

 순간순간 결단을 내리지 못하는 것은 불확실성과 두려움 때문이다. 이러한 문제를 없애기 위해서는 다른 사람의 의견이나 정보를 꼼꼼히 분석하여 자신의 것으로 만들어야 하고 자신이 확신이 섰을 때 과감히 결단을 내려야 한다.

충무공 이순신 장군이 임진왜란 당시 수군을 폐지 하라는 조정의 명령에도 불구하고 13척의 배로 10배가 넘는 적을 물리칠 수 있었던 것도 승리에 대한 확신을 두고 삼도 수군통제사로서 수군을 계속 유지키로 과감한 결단을 내렸기 때문이다.

6·25 때 맥아더 장군이 미국 합참의 반대와 성공 확률 5천분의 1밖에 되지 않는 상황에도 불구하고 인천 상륙 작전(Operation Chromite)을 감행하는 위대한 결단을 하지 않았다면 낙동강을 방어하는 우리나라 군은 더욱더 위험한 상황을 맞이 하였을 것이다.

개인이나 사업가도 순간순간 결단을 내리는 것이 중요하지만 전쟁에서 지휘관의 결단은 그 누구의 결단보다 중요한 것이다. 지휘관이 결단을 잘못하게 되면 부하들의 생명과 신체에 큰 피해를 보게 되는 것이며, 올바른 결단을 내리면 아무런 피해 없이 역사에 빛나는 큰 승리를 거둘 수 있게 되므로 전쟁에서 결단은 어떠한 상황보다 중요한 판단이라 할 수 있다.

 모든 지도자도 마찬가지다. 자신의 사리사욕을 위하여 공정하지 못한 결단을 내리게 되면 많은 사람이 피해를 보게 되고 자신도 명예에 큰 상처를 남기게 된다. 따라서 대중의 안정과 발전을 위하여 막중한 책임감을 가지고 위대한 결단을 내려야 하는 것이다.

 인간 관계론의 저자 데일 카네기는 "가장 힘든 결단일수록 가장 큰 성취로 이어진다."라고 하였다. 고심을 오래 한 후에 내리는 결단은 확실한 성공을 이룰 수 있다는 뜻이다.

 위대한 업적을 이루기 위해서는 깊은 통찰을 통하여 과감한 결단력을 발휘하여야 한다. 우유부단하거나 두려움에 떨게 되면 성공의 길로 들어설 수 없는 것이다.

 결단을 내릴 때는 시기와 기회를 적절한 때를

잘 활용하여야 한다. 1997년 우리나라가 외환 위기에 빠졌을 때 주식시장이 폭락하여 한때 종합지수가 757포인트에서 280포인트까지 하락한 적이 있었다.

필자도 당시 폭락한 주식시장을 절호의 기회를 활용하여 대표 종목에 투자하여 큰 수익을 거둔 경험이 있으며, 2019년 코로나가 발생하였을 때도 주가가 폭락한 기회를 이용하여 코로나 관련 종목에 투자하여 좋은 결과가 있었다.

기회가 왔을 때는 과감한 결단력이 있어야 어떠한 분야이든 성취를 이루어 낼 수 있다. 애플 창업자 스티브 잡스가 대학을 중퇴하고 부모님의 차고에서 자동차를 처분한 종잣돈 천3백 달러로 애플을 창업하기로 결단을 내리지 않았다면 오늘의 세계적인 기업 애플은 탄생하지 않았을 것이며, 우리의 삶을 한층 더 편리하고 윤택하게 만들어 준 그의 위대한 성공은 20살의 나이에도 불구하고 과감한 결단이 있었기 때문에 가능했다.

세계적인 농구 선수였던 마이클 조던이 풋볼과 야구보다 농구에 집중하는 결단을 내리지 않았다면 세계적인 농구 선수가 될 수 없었으며, 사마천이 궁형을 당하면서까지 힘든 상황에서 위대한 결단을 내리지 않았다면 중국 역사학의 최고 걸작 '사기'는 탄생하지 않았다. 손정의 CEO가 19세에 50년 인생 계획을 세우는 과감한 결단을 내리지 않았다면 오늘의 소프트뱅크는 탄생하지 않았을 것이다.

성현들은 결단력은 성공의 첫 번째 비결이며, 모든 성취는 결단으로부터 시작된다고 말했다. 삶에 있어서 결단이 없으면 성공의 길로 다가갈 수 없다. 의사 결정이 신중히 검토되고 확신이 섰으면 과감히 결단을 내리는 용기가 필요하다. 가장 무능하고 어리석은 사람은 기회가 왔을 때 소심하고 두려움 때문에 결단을 못 하는 사람이다.

누구든 원대한 목표를 세우고 꾸준히 연구하고 노력하여 성공할 수 있다는 확신이 섰을 때는 과감한 결단을 내리면 위대한 성공을 이룰 수 있다. 소심하고 두려움 때문에 꿈과 목표를 포기하고 박지약행 (薄志弱行 – 의지가 약하여 어려운 일을 이겨내지 못함) 하는 일이 없도록 하여야 한다.

 아리스토텔레스는 "결정하지 않으면 아무것도 얻을 수 없다. "라고 했다. 우유부단한 행동으로는 아무 일도 할 수 없다는 뜻이다. 인생은 끝없는 선택과 결단으로 이루어졌다 해도 과언이 아니다. 매사에 결단력이 있어야 자신감을 가지고 자기 삶을 살아갈 수 있다.

" 꿈과 목표를 세웠으면 성공에 승부수를 걸어라. 주춤거리기엔 인생이 너무 짧다. "

경력이 나의 강력한 경쟁력이다.

 많은 사람이 대학 졸업을 하고 대기업에만 입사하려고 하고 편한 분야에서만 일하려고 욕심을 부리다 보니 취업을 못하고 실업자 신세를 벗어나지 못하고 있다. 편한 일만 하려고 하는 소극적인 자세는 자신을 성장시키는 데 많은 방해 요소가 되는 것이므로 일단은 경험을 쌓는 일에 역점을 두는 것이 좋은 방법이 될 수 있다.

 대기업이든 중소기업이든 사원 모집을 할 때 모집 요강을 보게 되면 3년 이상 경력자 우대로 하여 채용하는 경우가 많다. 경력자를 그만큼 많이 필요로 한다는 것이다.

 필자도 처음 입사한 회사에서 경력을 2년 쌓고 더 큰 회사로 전직을 한 경험이 있다. 경력을 쌓고 실력만 있으면 얼마든지 더 좋은 대우를 받으면서 스카우트될 수 있다.

 지금 회사에도 3년 정도 경력을 쌓은 직원이

더 좋은 대우를 받기로 하고 더 큰 회사로 이직한 직원이 있다. 경력이 있는 사람은 그만큼 필요로 하는 회사가 많다는 증거가 되는 것이다. 처음부터 중소기업이라고 해서 취업하지 않고 몇 년씩 실업자로 있는 것은 가정적으로나 경제적인 측면으로 보아서 바람직하지 않은 행동이라 할 수가 있다.

 주변 가족 중에 자녀가 대학을 졸업하고 취업하지 못하여 몇 년째 집에서 놀고 있는 관계로 큰 걱정을 하는 것을 보았다. 취업하지 못하게 되면 자연적으로 결혼도 할 수 없는 형편이 되기 때문에 나이는 점점 많아지고 본인은 물론 부모로서는 걱정이 안 될 수가 없는 것이다.

 모든 것은 본인이 하기 나름이다. 대기업이라고 해서 모두가 성공하는 것도 아니고 중소기업에서 근무한다고 하여 성공 못 한다는 보장도 없는 것이다.

 처음부터 너무 높은 곳만을 고집하다 보면 영

원히 오르지 못할 수도 있다. 실력이 쌓이면 대우도 좋아지게 마련이고 다른 회사에서 스카우트도 될 수가 있는 것이므로 일단 시간을 아끼면서 직장을 구해서 경험을 쌓고 실력을 키우는 것이 우선순위가 되어야 한다.

 눈높이를 낮추고 한계단 한계단 올라가는 기지를 발휘해 보라. 경험보다 더 좋은 스승은 없다는 말이 있다. 어떤 분야에서 일을 하든 처음 하는 일은 서툴기 마련이고 실수하기도 하지만 실전 경험을 쌓게 되면 그 분야에 대하여 훌륭한 경력자가 되고 유능한 인재가 되는 것이다.

 한 번 출장으로 수백만 원을 받는 엔지니어나 한 달 수입이 수억 원이 넘는 스타 강사도 처음부터 잘한 것이 아니며, 땀 흘리면서 많은 경력을 쌓았기 때문이다.

 전 세계 55개국에서 5천 회 이상 강연을 하면서 세계 최고의 자기 계발 강사로 이름을 떨치고 있는 <행동하지 않으면 인생은 바뀌지 않는

다.> 저자 브라이언 트레이시도 젊은 시절에는 식당 주방일, 목재 공, 주유원, 선박 선원 등의 일부터 시작하면서 많은 경험을 쌓고 지혜를 습득하여 연간 매출액 3천만 달러가 넘는 인력 개발회사를 만들었으며, 세계 1천여 개가 넘는 회사를 상대로 강연을 펼치는 큰 성과를 이루었다.

경험은 중요한 나의 노하우가 되며 강력한 무기가 되는 것이다. 누구나 성공하려는 강력한 의지가 있어야 하고 다양한 경험을 쌓으면서 자신의 적성이 맞는 것을 찾아서 피나는 노력을 하여야 한다.

프랑스 화학자 루이스 파스퇴르는 "경험은 가장 좋은 교사이다."라고 했다. 경험은 이론이나 책에서 배우는 것보다 더 깊은 이해력을 제공해 주고 실패나 성공에 대하여 더 좋은 판단을 할 수 있는 능력을 키워준다는 의미이다.

경험은 단순히 지난날의 추억이 아니라 배우고

성장해 가는 과정이다. 따라서 경험이 많아질수록 결단력도 높아지고 지혜도 쌓이는 것이므로 다양한 경험을 쌓는 일에 최선을 다하여야 한다.

 세계적인 첨단 전자부품 제조업체 교토 세라믹 이나모리 가즈오 CEO도 처음 입사할 때는 부도 직전의 작은 회사였지만, 끊임없이 연구하고 경험을 쌓아 세계적인 기업을 만들어 냈다.

 작은 일, 작은 회사라고 실망하거나 좌절할 필요가 없다. 경력은 나의 최고 경쟁력이요 재산이 된다.

 "남의 눈치 의식하는 시간에 나의 경력을 쌓는 데 집중하라."

절망의 순간에도 희망을 버리지 말라.

"왜 살아야 하는지 아는 사람은 어떤 상황도 견딜 수 있다."

로고테라피 학파를 창시한 빅터 프랭클이 한 말이다. 정신과 의사였던 그는 세계 제2차대전 당시 유대인이라는 이유로 나치의 강제 수용소 악명 높은 아우슈비츠에 수용되었다.

그는 매일 살을 파고드는 추위를 견디고 빵 한 조각과 수프 한 그릇으로 하루를 연명하면서 강제 노동에 시달렸다. 수용소 생활은 참혹하기 그지없었고 언제 죽을지 모른다는 공포 그 자체였다.

누구는 굶주림으로 죽어갔고 누구는 전염병으로 죽어갔으며 누구는 매 맞아 죽었고 누구는 가스실로 끌려가 영영 돌아오지 않았다. 예비 사망자로 인간이 경험할 수 없는 인류 최후의 자유를 깨닫는다. 그것은 바로 주어진 상황에서 자신의 태도를 취할 수 있는 자유였다. 그는 3년 동안 굶주림, 추위, 강제노동, 인권 유린 등 온갖 고초를 다 겪으면서 인간은 자신이 왜 살아야 되는지 안다면 어떤 상황에서도 견딜 수 있다는 것을 터득하게 되었다.

 수십 번의 죽을 고비를 넘기고 전쟁 종료로 기적적으로 살아남은 그는 프로이트의 정신 분석과 아들러의 개인 심리학에 이은 정신 요법 제3학파라 불리는 로고테라피 심리 치료 이론을 체계화시켰고 < 죽음의 수용소 > , < 삶의 의미를 찾아서 > 등의 저서를 남겼다. 그가 수많은 시련과 역경이 있었음에도 끝까지 살아남은 것은 "의사와 정신" 의 책을 쓰고자 하는 간절한 열망과 왜 살아야 하는지 목적과 의미를 알고 희망을 버리지 않았기 때문이다.

 미국 16대 대통령 링컨은 11번의 선거에서 8번이나 실패한 후 대통령에 당선되었다. 그는 10살 때 생모를 잃었고, 19세 때 유일한 혈육 누이와 사랑했던 여인 앤 루트리지를 잃었으며,

사업 실패로 17년간 빚을 갚는 시련과 역경을 겪었으나 포기하지 않고 도전하여 대통령에 당선되는 영광을 얻었다. 그가 여러 번의 실패에도 불구하고 대통령에 당선될 수 있었던 것은 좌절하지 않고 꿈을 향해 끊임없이 노력하였기 때문이다.

전 국회의원 지성호 의원은 1996년 고난의 행군 시절 극심한 생활고에 석탄을 훔치다 열차에 치여 왼손과 왼쪽 다리가 절단되어 장애인으로 중국에 건너갔다가 체포당해 북송되어 고문까지 받았다. 우여곡절 끝에 석방되어 꽃제비 생활을 하다가 2006년 다시 탈북을 결심하고 목발을 짚고 두만강을 헤엄쳐 중국을 거쳐 라오스, 미얀마, 태국을 경유 대한민국으로 입국했다.

그는 교통수단을 도보, 오토바이, 버스를 이용했지만, 탈북 이동 거리가 무려 6천 킬로가 넘는 먼 길을 장애를 딛고 탈북하였다.

탈북 후 그는 2010년 북한 인권 단체 NAUH를 설립하여 탈북민 수백 명을 구출하였으며, 2018년 워싱턴에서 열린 도널드 트럼프 국정 연설에 참석해 북한 인권의 실상을 전 세계에 알렸고, 2020년 제21대 미래 한국당 비례대표로 국회에 입성하는 큰 업적을 남겼다.

 현재에는 국민의힘 장애인 위원회 고문, 이북 5도 위원회 제19대 함경북도 지사로 활동하고 있다. 그는 옥시데이 재단 커리지 어워드, 미국 민주주의의 진흥 재단 민주주의상, 시사 포커스 참 좋은 정치인 상, 대한민국 국회 의정 대상을 수상했으며 < 나의 목발이 희망이 될 수 있다면 >이라는 저서도 남겼다.

 그가 신체적 장애를 가지고 있음에도 불구하고 6천 킬로라는 먼 거리를 엄청난 위험과 고초를 겪으면서 탈북을 할 수 있었던 것은 삶에 대한 희망을 끝까지 버리지 않았기 때문이다.

 역대 최다 공격포인트, 최다 우승 기록자인

리노엘 메시는 유년 시절부터 축구의 소질이 뛰어났지만 성장 호르몬 결핍증을 가지고 있었다.

매달 치료비가 90~100달러가 필요했으나, 그 당시 집안 형편이 넉넉하지 못해 치료비에 부담을 가지고 있었기에 스카우트가 쉽게 이루어지지 않았다. 그러나 그는 희망의 끈을 놓지 않고 열심히 훈련하고 기술을 연마하여 결국 13세에 바르셀로나에 입단하게 되었으며 그 후 그는 타의 추종을 불허하는 세계적인 축구 선수가 되었다.

 그가 선천적인 질병이 있음에도 세계적인 선수로 성장할 수 있었던 것은 최고 선수가 되겠다는 희망을 버리지 않고 피나는 노력을 한 결과이다.

 < 갈매기의 꿈 >저자 리처드 바크는 롱비치 주립 대학에 입학했으나 퇴학당하고 공군에 입대하여 비행기 조종사가 되었으며 이후 상업 비행기를 조종사로 일하면서 3천 시간 이상의 비

행 기록을 세웠다. 그는 작가 활동을 하면서 처음으로 썼던 갈매기의 꿈 이 18곳의 출판사로부터 출판 거절을 당한 후 1970년에 정식으로 출간되었다. 이 소설은 출간 당시에는 대부분 평판이 좋지 않았지만 1972년 베스트셀러가 되었으며 5년 만에 700만 부가 판매되는 이변을 낳았다.

이 책은 미국 문학 사상 최고의 베스트셀러 <바람과 함께 사라지다>의 판매를 앞지르며 불후의 명작이 되었으며, 그는 이 작품을 통해 수백만 명의 의식 세계의 큰 영향을 미쳤다.

영국 추리 소설 작가 존 크리시는 무려 743번이나 출간을 거절당했다. 1908년에 태어난 그는 1973년까지 살면서 작가로서 두각을 나타낸 것은 35세 무렵이었다.

독학으로 글을 쓰기 시작한 그는 닥치는 대로 글을 써서 영국에 존재하는 모든 출판사에 원고를 보내며 그에 걸맞게 743장이라는 엄청난 숫자의 거절 통지서를 받았다. 하지만 그는 포기하지 않고 글을 썼고 거절당할 때마다 다음 원고를 작성하는 집념을 보였다. 결국 1932년 첫 책인 < Seven Times Seven >이 세상에 나오고 전업 작가의 길을 걷게 되었다. 그 후 그는 564권의 책을 출간하는 유명 작가의 반열에 올랐다.

 영국에서는 존의 위대한 도전 정신을 기리기 위해 매년 최우수 신인 작가에게 존 크리시 상을 수여하고 있다. 그가 수많은 거절을 당하면서 564권의 작품을 낼 수 있었던 것은 포기하지 않고 성공할 수 있다는 희망의 끈을 놓지 않았기 때문이다.

 남아프리카 공화국 최초의 흑인 대통령이었던 넬슨 만델라 지도자가 1962년 반역죄로 체포되어 무기징역을 선고받고 27년간의 감옥생활을 하였음에도, 노벨 평화상을 수상하고 대통령에 당선될 수 있었던 것은 좌절하지 않고 살아나갈 수 있다는 희망을 버리지 않았기 때문이다.

" 희망은 어려운 상황에서도 포기하지 않고 나아갈 수 있는 힘이다. 그러므로 희망을 잃지 말고 희망을 가져라. " 탈무드에 나오는 말이다. 어떠한 어려운 상황이 닥쳐오더라도 희망을 버리지 않으면 나아갈 수 있다는 의미이다.

인생은 기쁜 날만 있는 것이 아니라 시련과 역경이 반복되는 것이며 어떠한 환경에서도 적응하며 살 수 있다. 아무리 힘든 절망의 순간이 닥쳐오더라도 희망을 버리지 말아야 한다.

제4장 : 나를 빛나게 하는 처세의 지혜

" 지식은 전달할 수 있지만 지혜는 전달할 수 없다. 지혜는 스스로 통달해야 한다.

*** 헤르만 헤세 싯타르타 ***

칭찬으로 상대를 감동하게 하라.

 삶을 살아가다 보면 격려하고 칭찬해야 할 일이 많지만, 스스럼없이 칭찬하는 일이 많지 않은 것이 사실이다. 칭찬에 인색하다는 말이다.

 "누군가의 잘한 점을 인정 해주는 것은 그 사람의 영혼을 춤추게 한다." 미국의 동기부여 작가 윌리엄 아서 워드의 말로서 진심이 담긴 칭찬은 큰 감동과 기쁨을 가져다준다는 뜻이다.

 좋은 말 한마디는 엄동설한에도 사람을 따스하게 하고, 나쁜 말은 삼복더위에도 사람을 춥게 만든다는 말이 있다. 좋은 말은 봄바람처럼 마음을 흔들어 아름다운 관계를 만들며, 나쁜말은 인간관계를 더욱 냉각시킨다는 의미이다.

칭찬은 긍정적인 마음에서 나오며 상대방에게 자신감과 기쁨을 가져다주는 말로서 그 기쁨은 10배 100배 증폭되는 힘을 지니고 있다고 하므로 평소 칭찬하는 데 인색함이 없도록 노력하여야 한다.

 칭찬은 잘못하는 사람에게 하게 되면 잘하게 하는 말이 되는 것이며, 잘하는 사람에게는 더욱 잘하게 하는 말이 되는 것이다. 이러한 칭찬은 직장에서는 직원들의 동기를 높여주고 가정에서는 사랑과 신뢰를 쌓는 원동력이 되는 것이다. 따라서 누구를 만나든, 어떠한 위치에 있든, 어떤 일을 하든 험담보다 격려와 칭찬하는데 정성을 다해야 한다.

 칭찬은 습관이다. 칭찬은 가정이나 직장에서 적시 적절하게 하기가 쉬운 것이 아니다. 칭찬을 잘하는 사람일수록 긍정적인 마음을 가지며 행복한 사람일 것이다.

상대방에게 험담을 잘못하게 되면 상대방에게 의욕을 잃게 하고 큰상 처를 주게 되며, 인간관계가 단절되는 나쁜 결과를 초래하게 된다.

 영혼이 담긴 칭찬은 상대방에게 소중한 존재임

을 인식시켜 매사에 자신감을 가지게 하며 인간관계를 더욱 돈독하게 만들어 주기도 한다. 따라서 약간의 부족한 점이 있더라도 상대방의 사기를 꺾는 말보다는 격려하고 칭찬하여 상대방도 더 발전하는 계기를 만들어 주고 나 자신의 품격도 높이도록 노력하라.

 심리학자들의 조사에 의하면 사람들이 한평생 가장 행복했던 순간은 누군가에게 인정받았을 때라고 한다. 사람은 인정의 욕구를 가지고 있으므로 상대방으로부터 인정받았을 때 큰 행복을 느끼게 되는 것이다.

사소한 일에도 참 잘했어요, 좋은 생각이에요, 훌륭합니다. 축하합니다. 등등 칭찬하는 습관을 가지도록 하라. 상대방에게 강한 열정을 불러일으켜 더욱더 열심히 일하는 계기가 되며 나의 품격에도 좋은 영향을 미치게 된다.

 사실 다른 사람을 칭찬하는 말이 말처럼 쉬운 일은 아니다. 필자도 과거에는 동료든 부하 직원이든, 가족이든 칭찬하는 데 인색한 적이 있었지만 " 칭찬은 바보를 천재로 만든다 " 루이스 B 스미스의 책을 접하고 나서부터 칭찬의 중요성을 깨닫고 지금은 칭찬하는데 조금도 개의치 않고 대단합니다, 수고 많았습니다. 최고입니다. 잘했습니다. 대단합니다. 하고 칭찬을 아끼지 않는 습관을 가지고 있다.

 여러 사람이 공동생활을 하다 보면 칭찬하기보다 타인에게 시기 하거나 험담하는 경우가 많은 것이 사실이다. 직장에서도 동료 간에 잘한 일에 대하여서는 시기를 하거나 대수롭지 않게 생각하는 경우가 많고, 조금 잘 못한 일에 대해서는 비난과 험담을 하는 경우가 종종 있다.

시기와 험담은 인간관계에 있어서 최대의 적이므로 사소한 일에 대해서도 사기와 용기를 가질 수 있도록 격려와 칭찬을 아끼지 말아야 한다.

 칭찬이 사람들에게 잘한 일이 있는데도 당연한 것처럼 무심히 넘긴다든지 업무를 하루 종일 땀 흘려 했는데도 수고 했다고 말하지 않는다든지 하는 사례는 상대방에게 사기 저하와 의욕을 상실시키는 요인이 되므로 열심히 일하는 사람들에게는 반드시 칭찬을 아끼지 말아야 한다.

 칭찬은 사기와 용기를 북돋아 주며, 삶을 변화시키는 강력한 힘을 가지고 있다. 메이저 리그에 진출한 오타니 선수를 비롯한 세계적인 야구 선수들이 홈런을 칠 때마다 그리고 손흥민 선수를 비롯한 세계적인 축구 선수들이 골을 넣을 때마다 많은 팬이 우레와 같은 박수를 보냄으로써 선수들은 한층 더 의욕과 자신감을 가지고 더 열심히 뛰게 되는 것이다.

 또한 팬들은 훌륭한 경기를 보면서 선수들에게는 박수를 보내고 환호 함으로써 즐거움과 기쁨을 만끽하며, 선수들이 앞으로 더 잘할 수 있도록 격려와 칭찬을 아끼지 않는 것이다.

 모든 환경도 중요하지만 어떠한 일을 하든 높은 성취를 이루는 데는 칭찬보다 더 좋은 보약은 없는 것이다. 가족 간에는 화목한 가정을 만들 수 있어 좋고, 상하 간에 칭찬은 하급자는 인정받아 좋고, 훌륭한 정치 지도자들은 국민으로부터 신뢰와 존경받아 좋고, 어떠한 관계이든 어떠한 일이든 사소한 일이라도 칭찬하게 되면 더 큰 성취를 이루어 낼 수가 있는 계기가 되는 것이므로 진심을 담아 칭찬하는 습관을 기르고 칭찬받는 자신 또한 자만 하지 말고 더욱더 발전할 수 있도록 노력하여야 한다.

작가 미아모토 마유미는 < 돈을 부르는 말버릇 >에서 "세상이 가장 필요로 하는 사람은 재능이 있는 사람이 아니고 칭찬하는 사람이다."라고 했다. 칭찬 잘하는 사람이 재능이 있는 사람보다 더 경쟁력 있는 사람 이란 뜻이다.

세계적인 테너 성악가 엔리코 카루소도 처음에는 그의 목소리가 창문 틈으로 새어 들어오는 바람 소리 같다며 교사로부터 비판을 받았지만, 그의 어머니는 "너는 반드시 훌륭한 성악가가 될 거야." 라고 격려하고 칭찬한 덕분에 21세에 오페라에 데뷔하고 세계적인 성악가가 되었다.

 헨리 포드도 주위 사람들로부터 가솔린 엔진을 만드는 데 대하여 실패할 때마다 비난만 받았지만, 그의 아내가 "당신은 꼭 성공할 거야 난 믿어요. 언제 인가는 당신이 꿈을 이룰 거예요."라는 칭찬과 격려로 끝내 자동차를 만들 내어 오늘날 자동차왕이 되었다.

 나는 나 자신이 잘한 일이 있으면 칭찬을 한다. 오늘 하루 맡은 업무에 대하여 한 치의 실수 없이 수행했을 경우와 상급자의 지시 사항에 대하여 완벽히 임무 수행을 완료하였을 경우, 좋은 아이디어를 제안하여 칭찬받았을 경우 등 잘한 일에 대하여 스스로 칭찬하는 습관을 지니고 있다. 자신에게 칭찬하는 것도 큰 자부심과 긍지를 가질 수 있다.

 나는 가족들에 대해서도 칭찬을 아끼지 않는다. 요리가 맛있으면 요리를 참 잘했다고 칭찬하고 자녀가 공무원 시험에 합격했을 때도 열심히 준비한 결과가 나타났다. 대단히 고생 많았다.라고 격려와 칭찬을 분명히 한다. 칭찬하면 칭찬을 받는 사람은 더욱더 열심히 하게 된다.

회사에서도 3분 스피츠를 잘한 직원에게 "참 잘했습니다. 강연가로 진출해도 손색이 없겠습니다."라고, 칭찬하여 상대방을 감동하게 한 일이 있다.

칭찬은 위대한 것이다. 칭찬함으로써 상대방에게 긍지와 용기를 심어 주게 되고, 목표 달성과 큰 성공을 위하여 전력 질주할 수 있는 강력한 힘을 갖게 한다. 또한 칭찬을 하게 되면 상대방의 운명이 바뀔 수도 있으며 자신의 품격도 더욱 높아진다는 것을 명심하고 자신과 모든 사람에게 칭찬하고 또 칭찬하라.

작은 습관이 나의 운명을 바꾼다.

 모든 성공과 실패는 습관에 의해 좌우된다고 해도 과언이 아니다. 그만큼 습관이 중요하다. 좋은 습관은 어렵게 형성되지만, 나쁜 습관은 쉽게 몸에 배게되며 좋은 습관은 우리의 삶을 풍요롭게 만들어 주지만 나쁜 습관은 근심과 고통을 낳게 한다.

 나쁜 습관들은 일을 미루는 습관을 비롯하여 거짓말하는 습관, 무책임한 습관, 게으른 습관, 도박하는 습관, 훔치는 습관, 비난하는 습관, 낭비하는 습관, 절제하지 않는 습관, 약속을 지키지 않는 습관, 질투하는 습관, 불법적인 행동을 하는 습관 등 여러 가지가 있으며, 이러한 나쁜 습관들은 건강에도 해로운 것이며, 삶의 질에도 많은 영향을 끼치는 것으로 좋은 습관으로 변화시키도록 노력하여야 한다.

 나쁜 습관들은 일시적으로는 기쁨과 즐거움을 줄 수는 있지만 장기적으로는 인생에 있어서 고통과 피해만 줄 뿐 결코 도움이 되지 못한다. 특히 무절제, 게으름, 거짓말, 도박, 마약, 사기, 강도, 폭행 등은 정신적 육체적 재산상 큰 피해를 가져오는 것이므로 습관을 고치도록 큰 결단을 하여야 한다.

안 좋은 습관으로 도박이나 게임 등으로 전 재산을 날리고 노숙자 신세가 되는 사람들도 나쁜 습관에 빠져서 헤어나지 못하였기 때문이며, 이러한 습관을 고치려는 의지와 결단력이 부족하였기에 재산상 큰 피해를 보게 되는 것이다.

패령자계(佩鈴自戒)란 사자성어가 있다. 나쁜 습관이나 단점을 고치기 위하여 스스로 노력하는 자세를 뜻한다. 대부분 사람은 좋은 습관보다 나쁜 습관이 많으므로 나쁜 습관을 고치도록 부단히 힘써야 한다.

나쁜 습관에 빠지게 되면 오랫동안 몸에 배어 단기간에 고치기가 어렵게 된다. 나쁜 습관이 반복되지 않도록 예방하는 것이 무엇보다 중요한 것이므로 어릴 때부터 좋은 습관이 몸에 배도록 꾸준한 관심과 노력이 필요하다.

 가장 영향력 있는 자기 계발 전문가 브라이언 트레이시는< 백만 불짜리 습관 > "모든 성공과 실패의 95%는 습관이 결정한다"라고 했다. 모든 것은 습관에 의해 좌우된다는 뜻이다. 습관의 역할은 성공과 실패에 있어서 무엇보다 중요한 요소이며 그 힘은 매우 큰 것이다.

 습관은 강한 의지가 있어야 한다. 나는 건강을 위하여 매일 헬스장에서 근력 강화 운동을 하면서 체력 관리를 하고 있다. 한때는 배드민턴과 골프 운동을 한 적이 있었지만, 이런저런 사유로 계속하여 운동하지 못한 경험도 있다. 어떠한 운동이든 운동도 꾸준히 하는 습관을 지녀야 그 효과가 있는 것이다.

 아침 일찍 일어나는 습관, 시간 절약하는 습관, 절제하는 습관, 검약하는 습관, 인사하는 습관, 배려하는 습관, 정직한 습관, 감사하는 습관, 칭찬하는 습관, 공부하는 습관, 저축하는 습관, 규칙적으로 운동하는 습관, 준비하는 습관, 봉사하는 습관, 법규를 잘 지키는 습관 등 좋은 습관들은 목표를 달성하고 성공을 이루는 원동력이 되는 것이다.

벤저민 프랭클린은 " 일찍 자고 일찍 일어나는 것은 사람을 건강하게 하고 부자로 만들고 현명하게 한다."라고 하였다. 일찍 일어나는 사람이 성공을 이룬다는 뜻이다.

필자도 아침에 일찍 일어나서 1시간 일찍 출근하여 독서하는 습관을 지니고 꾸준히 독서를 하여 현재까지 1만여 권의 책을 읽는 성과를 이루었다.

아침에 일찍 일어나는 습관을 들이면 맑은 공기와 함께 하루를 더욱더 활기차게 시작할 수 있으며 한층 더 기쁜 마음으로 조급함이 없이 마음의 여유를 가지고 활동할 수 있고, 하루 중 가장 조용한 시간으로 공부하기에도 최적의 시간이 되기 때문에 무엇보다 유용한 시간을 가질 수가 있는 것이다.

 전문가에 의하면 아침마다 침대를 정리하는 사람이 성공 확률이 높다고 했다. 인생사 모든것은 작은 습관에 의해 좌우된다고 해도 과언이 아니다. 행복하고 풍요로운 삶을 위해서 탐욕과 나태함으로 가득 찬 나쁜 습관을 버리고 성실하고 정직한 좋은 습관을 가지는데 최선의 노력을 아끼지 말아야 한다.

 "좋은 습관이 성공의 초석이 된다."

아침 시간을 효율적으로 사용하라.

 베스트셀러 작가이면서 리더십 전문가인 로빈 샤르마는 <변화의 시작 5 AM 클럽>에서 "자신이 성공한 이유는 아침에 일찍 일어나는 습관 때문이다." 라고 했다. 성공하려면 아침에 일찍 일어나는 습관을 들여서 성실한 삶을 영위하여야 한다는 의미이며 그는 매일 아침 5시에 일어나서 운동과 독서 및 명상을 한 후 하루를 시작 한다고 한다.

 아침에 일찍 일어나서 황금 같은 시간을 운동과 독서 등을 하면서 시간을 효과적으로 사용하는 사람은 절반의 성공이라고 할 수 있다. 각자 처한 환경에 따라 새벽 시간에 집에서 유용한 시간을 활용하는 사람도 있을 수 있고 일찍 출근하여 직장에서 아침 시간을 잘 활용하는 사람도 있다.

 일찍 출근하여 연구하고 공부하는 직원들은 본업에 충실하면서 바쁜 가운데도 틈틈이 자기 계발을 한다. 이런 직원은 부지런함이 몸에 습관화되어 있으며 항상 모범을 보이고 회사 발전에도 크게 이바지한 우수 직원으로 평가받는다.

회사에 매일 1등으로 출근하여 연구하고 공부하는 직원을 싫어하는 리더가 있을까? 그런 리더는 본 적이 없다.

일찍 일어나고 일찍 출근하려면 그만한 열정과 목표 의식이 있어야 한다. 열정과 목표가 없으면 꾸준하게 일찍 출근하는 습관을 유지하기가 어렵다. 나는 통상적으로 일찍 일어나 러시아워를 피해 조기 출근하여 회사에서 공부하는 습관을 지니고 있다.

정상 출근 시간에는 차량 정체로 도로에서 많은 시간을 낭비하는 경우가 많다. 이러한 시간 낭비를 없애기 위하여 1시간 일찍 출근하여 독서한다. 아침 시간은 조용하게 어떤 일을 하여도 집중시킬 수 있는 최적의 시간이므로 독서하기엔 매우 좋은 시간이다. 아침 시간만 잘 활용해서 독서를 꾸준히 하여도 1달에 10권 이상 책을 읽을 수 있다.

 하루를 주도적으로 사용하고 삶을 획기적으로 변화시키려면 아침에 일찍 일어나는 습관을 길러서 하루의 시간을 계획적으로 사용하여야 한다. 성공과 행운은 그냥 이루어지는 것이 아니다. 남들보다 더 많은 노력과 땀을 흘려야 가능한 일이다.

 아침 일찍 일어나는 새가 먹이를 더 많이 먹는다는 옛말이 있다. 아침 일찍 일어나서 떠오르는 해의 강렬한 기운을 받으면서 하루의 계획을 세우고 운동과 공부하는 습관을 가져보라. 무의미하게 보낸 과거의 일상보다 많은 변화와 발전을 가져다줄 것이다.

 경행록에 "관조석지조안 (觀朝夕之早晏) 이면, 가이복인가지흥체 (可以卜人家之興替) 니라." 라는 구절이 있다. 아침에 일찍 일어나고 저녁에 늦게 자는 것을 보면 그 사람의 집이 흥할 것인지 망할 것인지 알 수 있다는 뜻이다.

대부분의 큰 부를 이룬 사람은 아침에 늦잠 자면서 성공한 예는 거의 없을 것이다. 하루에 있어서 아침 시간은 참으로 중요하다. 아침 시간을 어떻게 활용하느냐에 따라 뜻깊은 하루가 될 수도 있고 무의미한 하루가 될 수 있기 때문이다.

쇼펜하우어는 "늦게 일어남으로써 아침 시간을 줄이지 말라"라고 충고하였다. 아침에 늦게 일어나면 무엇보다 중요한 아침 시간을 그만큼 낭비하게 된다는 뜻이다. 성공한 사람들의 성공 비결은 대부분 아침에 일찍 일어나서 남들보다 한발 앞서 준비한다고 말한다.

억지로 일어나는 아침을 만들지 말고 항상 반갑게 기다려지는 아침을 만들어라. 목표 달성을 위하여 꾸준한 집념으로 아침 시간을 아껴라.

만물이 소생하는 꽃 피는 봄, 뜨거운 태양이 이글거리는 여름, 형형색색 단풍이 아름다운 가을, 새하얀 눈으로 뒤덮인 추운 겨울은 지난해에도 찾아왔었고 올해에도 어김없이 찾아오고 내년에도 기필코 찾아온다. 세월은 멈추지 않고 흐른다. 지나간 시간은 다시 돌아오지 않으며 오늘의 새벽은 두 번 다시 돌아오지 않는다. 황금 같은 아침 시간 1초의 시간도 헛되이 보내지 않고 유용하게 사용하는 습관이 성공의 밑바탕이 될 것이다.

좋은 취미가 나의 삶을 윤택하게 만든다.

 의학 전문가에 의하면 취미 활동을 하게 되면 정신 건강과 더불어 도파민이 형성되어 즐거움이 배가 된다고 한다. 취미 활동이 건강한 삶에 많은 영향을 미친다는 의미이다.

 젊을 때나 나이가 든 때나 한가지 취미 활동을 한다는 것은 매사에 자신감을 가지게 하며 생활에 활력을 불어넣고 다양한 인맥을 형성하는 데에도 많은 영향을 미치는 것이므로 한가지 취미를 갖는 것은 삶을 영위하는 데 있어서 매우 중요한 요소이다. 특히 나이가 들수록 사람은 무기력과 고독함에 빠지기 쉬우므로 자신의 개성과 특성에 맞는 취미 활동을 갖는 것이 건강한 삶을 유지하는 데 많은 도움이 되는 것이다.

 대부분 은퇴자가 은퇴 후 겪는 것이 외로움과 직업이 없는 마음의 절벽 감이라고 한다. 이러한 상태가 오래 지속되면 깊은 우울증에 시달리는 경우가 있으므로 가급적 직업을 갖도록 노력하여야 하고 직업이 없더라도 규칙적인 생활을 유지하면서 한가지 취미 활동을 하면서 활기찬 생활을 하여야 삶을 더욱더 윤택하게 살아갈 수가 있다.

 건강 전문가들은 취미 활동을 하는 목적을 자기 계발을 비롯하여 스트레스 해소, 고독과 외로움 예방, 건강 관리, 즐거운 생활, 일과 생활의 균형 유지, 자아실현과 성취감 증진, 다양한 인맥 형성으로 보고 있으며 활기차고 안정된 삶을 위하여 꾸준한 취미 활동을 권하고 있다.

 취미 활동의 종류와 효과를 알아보면 첫 번째, 봉사 활동을 하라. 은퇴하거나 자녀들이 없는 경우에는 봉사 활동을 통하여 우울감과 고독함을 이겨 내면서 많은 사람과의 만남을 통하여 좋은 인연을 맺을 수 있는 계기가 될 수도 있으므로 여건이 허락하는 한도 내에서 봉사 활동을 하는 것도 좋은 취미 활동이라 할 수가 있는 것이다. 봉사 활동의 효과는 봉사함에 대한 보람과 성취감이라 할 수가 있을 것이다.

 두 번째, 독서 모임에 참여하라. 독서는 어느 누구 할 것 없이 평생 하여야 하는 것이 독서인데 독서 모임에 참여하면 다양한 사람들로부터 자신이 모르는 새로운 지식을 얻을 수 있는 계기가 되므로 가급적 독서 모임에 참여하여 독서 활동을 하는 것을 적극 추천한다. 특히 글을 쓰는 사람이라면 더욱이 독서 모임에 참여하면 많은 도움이 되므로 참여하면서 발표력도 기르고, 글 쓰는 방법도 배우는 계기로 삼기를 바란다.

 세 번째, 등산 동우회에 가입하라. 등산도 혼자 하기보다는 모임에 가입하여 여러 사람과 인연을 맺으면서 즐거운 마음으로 운동할 수 있는 것이므로 될 수 있으면 모임을 통하여 여러 사람과 함께 등산 활동을 할 것을 권유한다. 등산 활동은 무릎에 많은 힘이 가해지므로 무릎 관절에 해가 가지 않는 한도 내에서 등산하는 것도 좋은 취미 활동이라 할 수가 있을 것이다. 등산의 효과는 운동뿐만 아니라 정상을 정복하고 나면 보람과 기쁨을 누릴 수가 있는 것이 최고의 효과라 할 수 있다.

네 번째, 배드민턴 동우회에 가입하여 운동하라. 배드민턴은 생활 체육의 일환으로 하는 것이긴 하지만 회원 간에 친목 도모를 목적으로 배드민턴 동우회도 많이 결성되어 있다. 배드민턴은 혼자서는 할 수 없는 운동으로 모임에 가입하여 운동하는 것이 바람직하다.

배드민턴은 다소 가격한 운동이므로 노년층보다는 젊은 층에 유리한 취미 활동이라 할 수가 있다. 이 운동도 다양한 사람들과 인연을 맺을 수 있는 운동으로 게임도 하면서 많은 사람과 인연을 맺을 수 있는 효과가 있으므로 좋은 취미 활동이라 할 수 있다.

다섯 번째, 수영을 꾸준히 하라. 수영은 혈액 순환도 잘되고 관절에도 무리가 없는 운동으로 특히 노년층에서 좋은 운동이라 할 수가 있겠다. 수영은 퇴근 후에도 꾸준히 할 수 있는 운동이므로 직장인들도 스트레스를 해소하면서 혼자 서도 자신의 건강을 위하여 꾸준히 할 수 있는 운동으로 좋은 취미 활동이라 할 수가 있겠다. 효과는 유산소 운동으로써 근력 강화와 몸의 균형을 유지하는 데 큰 도움이 된다고 볼 수 있다.

 여섯 번째는 피트니스 운동으로서 피트니스는 최근에 지어진 아파트에는 거의 다 설비되어 있고 집 주변에도 많이 들어와 있는 관계로 퇴근 후에도 관심만 있으면 얼마든지 취미 활동으로 이용할 수가 있다.

피트니스 운동은 다양한 기구들이 설치되어 있으므로 상체뿐 아니라 하체 허리 등 온몸에 근육을 단련시킬 수 있는 장점이 있다. 피트니스 활동의 효과로는 다양한 운동 기구를 이용하여 유연성을 강화해 주고 온몸을 단련할 수 있다.

 취미 활동의 종류에는 이외에도 음악 활동, 축

구, 야구, 요가, 여행 등 다양한 종류가 있으므로 자산의 특성에 맞는 것을 선택하여 꾸준히 활동하면 되고 귀찮다고 하여 무계획적으로 유흥이나 즐기고 게임 중독에 빠지는 고립된 삶보다는 일과, 표에 의거 과외 시간을 이용하여 확고한 의지를 갖추고 좋은 취미 활동을 하는 것은 시간을 유용하게 활용하는 최고의 방법이 되는 것이다.

취미 활동은 새로운 에너지를 충전하게 하고 매사에 자신감을 갖게 한다. 삶을 영위하면서 하고자 하는 확고한 의지와 자신감을 갖는 것은 매우 중요한 것이다. 강력한 자신감과 나만이 잘할 수 있는 취미 한 가지를 가지면서 나만의 콘텐츠로 발전 시켜보라. 남들이 부러워할 만한 실력을 보여 주면 나의 가치는 더욱더 빛날 것이다.

건강이 최고의 복이다.

 초고령화 시대를 맞아 노년까지 건강한 삶을 유지하기 위해서는 건강한 신체를 유지하도록 여러모로 힘써야 한다. 자신이 건강하지 못하게 되면 자신뿐만 아니라 가족 전체가 불편함을 초래할 뿐 아니라 많은 시간과 에너지 낭비하게 되는 것이다. 따라서 젊은 시절부터 건강한 체력을 유지 할 수 있도록 꾸준히 관리하여야 한다.

 건강 관리에 대한 존귀한 지혜를 다음과 같이 6가지를 제시한다.

 첫 번째, 규칙적인 생활을 하여야 한다. 아침에 일어나서 가벼운 운동을 하는 것을 비롯하여 정해진 시간에 식사하고 잠도 하루 7시간 정도 충분히 자는 습관을 지니는 것이 건강에 좋은 것이므로 밤새워 일하는 것을 자제하고 규칙적인 생활을 하도록 특별히 신경 써야 한다.

최근에는 스마트폰으로 업무를 보거나 게임을 하면서 밤늦게 끼지 스마트폰을 손에 놓지 않는 사람들이 많은 것이 부정할 수 없는 사실이다. 규칙적인 생활을 위해서는 시간을 제한하는 계획을 짜서 밤늦은 시간까지 유튜브를 보거나 게임을 하는 일을 절제하여야 한다. 규칙적인 생활에 방해되는 잦은 과음, 도박, 게임 등 탐욕스러운 행동을 과감히 금지하도록 노력하여야 한다.

 두 번째, 꾸준한 근력 운동을 하여야 한다. 2500년 전에 무려 73세까지 생존했던 공자는 "군자도 항상 움직이고 활동해야 건강하고 오래 산다"라고 했다. 나태함이나 게으름 없이 항상 꾸준히 운동하여야 건강한 신체를 유지 할 수 있다는 의미이다.

 근력 운동은 나이가 들수록 몸에 근력이 쇠약해지므로 평생 한다는 마음으로 꾸준히 하여야 노년까지 건강한 신체를 유지할 수가 있다.

근력 운동에는 각종 머신을 이용하는 방법과 체중을 이용하는 걷기 운동을 비롯하여 스쿼트, 푸시업 등이 있으므로 개개인별 시간과 여건에 따라 효율적인 방법을 선택하여서 운동하면 될 것이며 무엇보다 꾸준히 하는 습관이 중요하므로 바쁜 일과 중에서도 빠짐없이 운동하도록 노력하여야 한다.

 세 번째, 식단 관리 철저히 하여야 한다. 음식은 영양이 있으면서 장수 식품 위주로 골고루 섭취하면서 건강한 신체를 유지하도록 각별히 신경 써야 한다. 가장 좋은 식단은 편식하지 않는 것이며 편식을 비롯하여 과식이나 흡연과 과음 등은 절제하여야 한다.

 장수 식품 중 요거트, 올리브, 양배추는 뉴욕 타임지가 선정한 세계 3대 장수 식품이다. 건강한 삶을 영위하기 위해서는 체질을 고려하여 체질에 맞는 장수 식품을 꾸준히 섭취하도록 식단 관리에 정성을 다하여야 한다.

네 번째, 좋은 취미를 가져야 한다. 인간은 누구나 나이가 들수록 친구나 지인들이 하나둘씩 떠나게 되는 것이 인생이다. 평소 친하게 지내든 친구들이 하나둘씩 멀어지게 되면 상실감과 외로움, 고독함이 찾아오게 마련이다. 이러한 외로움을 이겨 내는 데는 좋은 취미생활을 하는 것이 많은 도움이 된다.

지인 중에는 골프를 취미로 동우회에 가입하여 꾸준히 운동하는 사람들도 있으며 어떤 이는 도서관을 이용하여 독서를 꾸준히 하는 사람도 있고 어떤 사람은 등산 동우회에 가입하여 취미생활을 꾸준히 하는 사람 등 다양한 취미 활동을 하고 있으며 취미 활동을 함으로써 자신감을 비롯하여 우월감을 가질 수 있으므로 개인의 특성을 살려 한 가지씩 취미 활동을 하면 건강한 삶을 영위하는 데 많은 도움이 된다.

다섯 번째, 좋은 마음을 가져야 한다. 흔히 들 나이가 들수록 고집, 이기, 질투, 독선만 늘어난다고 한다. 젊은 사람이든, 나이가 많은 사람이든 좋은 마음을 가진다는 것은 건강한 삶을 영위하는 데 있어서 매우 중요한 요소이다. 회사에서도 화를 잘 내면서 이기주의적인 사람과 질투심으로 가득 찬 사람들을 종종 볼 수가 있다. 개인들의 성격에 따라 행동하는 습관이라 보여지지만 자기 자신의 발전을 위하여 항상 지혜롭게 행동하면서 좋은 마음을 갖도록 노력하여야 한다.

사소한 일로 인하여 화를 잘 낸다거나 질투를 자주 하게 되면 남들에게 좋은 평판을 얻지 못할 뿐만 아니라 많은 스트레스로 인하여 건강에도 좋지 않은 것이다. 매사에 배려하고 양보하는 마음을 갖게 되면 마음이 편해지고 앓던 병도 사라진다고 한다. 따라서 악한 마음을 버리고 매사에 미소와 함께 남을 배려하면서 칭찬하고 감사하는 좋은 마음가짐을 갖도록 노력하여야 더욱더 건강한 삶을 유지할 수 있다.

여섯 번째, 주기적으로 건강 검진을 받아야 한다. 직장 생활을 할 때는 직장에서 의무적으로 매년 건강 검진을 하기 때문에 기본적인 체크는 할 수 있지만 세밀한 부분까지는 검진을 하지 않으므로 별도로 종합 검진을 주기적으로 받아야 정밀하게 질병을 체크할 수가 있을 것이다. 따라서 2~3년마다 종합 검진을 받아서 건강을 수시로 체크하는 습관을 가져야 조기에 질병을 발견하고 치료할 수가 있는 것이므로 종합 검진을 주기적으로 받는 데 돈을 아끼지 말아야 한다.

건강하면서 장수하는 데 대한 인간의 욕구는 누구나 마음속 깊이 뿌리 박혀 있을 것이다. 특히나 지금은 의학 기술의 발달로 인하여 100세 시대에 살고 있으므로 은퇴 후에도 오랜 기간 노년기를 보내야 한다. 이러한 노년기를 건강하게 보내기 위해서는 체력 관리에 전심전력을 다하여야 한다.

<명문가의 장수비결>의 저자 동국대 한의대 장지천 교수는 장수비결을 마음 다스리기, 끊임없이 움직이기, 소식하기라고 하였고, 조선 시

대 유배 갔던 선비들이 학문에 열중하고 제자 양성에 노력하면서도 건강을 유지한 것처럼 노년기에도 건강을 위해서는 끊임없이 무언가를 추구해야 한다고 하였다.

 동서양을 막론하고 과거나 지금에도 인간은 누구나 오래 살고 싶은 욕망에는 변함이 없을 것이다. 건강하면서 장수하는 데는 마음만으로 되는 것이 아니다. 건강 관리의 비법에 대하여 얼마나 실천하느냐에 달려 있다고 해도 과언이 아닐 것이다. 꾸준함과 실천이 건강한 신체를 유지하는 데 대한 원동력이 될 것이다.

 건강실이 실지전야 (健康失而 失之全也)란 말이 있다. 건강을 잃으면 모든 것을 잃는다는 뜻이다. 천하를 얻는다 해도 건강하지 않으면 아무 소용이 없는 것이다. 건강이 세상에서 가장 소중하고 가장 큰 재산이다. 초장수 시대 행복하고 건강한 삶을 위하여 규칙적인 생활, 근력 운동, 취미생활, 식단 관리, 좋은 마음 갖기에 소홀해서는 안 된다.

" 도박과 탐욕에 승부를 걸지 말고 건강에 투자하라. "

천천히 가더라도 꾸준히 가라.

 우보만리 (牛步萬里)란 말이 있다. 천천히 가더라도 끝까지 목표를 이룬다는 의미이다. 성공을 이루기 위해서는 꾸준히 노력하는 것이 무엇보다 중요하다. 한번 실패하였다고 하여 포기하거나 너무 급하게 서두르다 보면 실수를 많이 하게 되어 오히려 더 많은 어려움에 봉착하게 되므로 꾸준히 안전하게 나아가는 것이 더 빠르게 성취를 이룰 수 있다.

 공부를 하든, 운동을 하든, 건강 관리를 하든, 도전을 하든, 취미 활동을 하든, 글을 쓰든, 음악을 하든 어떠한 일이든 목표를 이루기 위해서는 천천히 하더라도 지속적으로 하여야 효과를 높일 수 있는 것이다.

 세계적인 연설가 지그 지글러는 "매일 한 걸음씩 나아가라. 그것이 결국 위대한 일을 이룰 것이다." 라고 했다. 한걸음 씩 이라도 꾸준히 나아가면 목표를 이룬다는 의미이다.

삼성전자가 하루아침에 세계 1위의 반도체 회사가 된 것이 아니다. 수십 년 동안 수백 명의 연구진이 땀 흘려 노력하여 왔기에 오늘날 세계적인 회사가 만들어진 것이다.

 축구의 손흥민 선수나 야구의 오타니 선수가 하루아침에 세계적인 선수가 된 것도 아니다. 그들도 어릴 때부터 남들이 여행하고 게임 할 때 한여름 더위와 한겨울 추위를 견디어 내면서 꾸준히 땀 흘려 왔기 때문에 오늘의 대 스타가 된 것이다.

 세계 최고 높이를 자랑하는 163층 두바이 부르즈 할리파 타워가 하루아침에 탄생한 것도 아니다. 이 타워를 건설하는데 철강 3만 1천 톤에 12억 달러의 건설비가 소요 되었으며 완공하는데 장장 5년이 걸렸다. 최고의 건물도 단기간에 걸쳐 최고의 건축물이 만들어지지 않으며 수년에 걸쳐서 꾸준히 쌓아 올려야 걸작이 탄생하는 것이다.

130권으로 편집된 사마천의 사기 또한 갑자기 만들어진 것이 아니다. 사기는 동양 고전의 기본이 되는 책으로 등용 기간이 3천여 년, 등장인물이 4천여 명, 주인공이 2백여 명, 사자성어가 6백 항목, 명언이 1백 개가 등장하는 세계 역사서에서 가장 중요한 저작 중 하나이며 사마천이 41세에 시작하여 55세에 걸쳐서 인고의 세월을 견뎌 내면서 완성한 대작이다.

 나는 사회 초년생부터 책을 읽기 시작하여 현재까지 1만 권이 넘는 책을 섭렵하였으며 직장 생활을 하면서 재테크도 꾸준히 공부하고 실전 경험을 쌓은 덕에 안전하게 부를 축적하는 방법을 터득하였다. 어떠한 일도 하루아침에 이루어지는 것은 없다. 한 그루의 자두나무가 오얏을 먹기 위해서는 수년이 지나야 한다.

 철학자 에픽테토스는 "위대한 일은 하루아침에 이루어지지 않는다."라고 했다. 천천히 하더라도 안전하게 꾸준히 하는 습관을 지녀야 목표를 달성할 수 있다는 의미이다.

 회사에서도 어떤 직원은 중소기업이지만 다양한 업무를 맡으면서 담당 업무에 대하여 꾸준히 노력하여 실력을 인정받아 임원까지 승진하는 직원이 있다. 모든 것은 본인이 하기에 달려 있다.
 작은 회사라고 부끄러워하지 말고, 맡은 일이 마음에 들지 않는다고 불평하지 말고, 월급이 적다고 불평하지 말고, 복지가 부족하다고 불평하지 말고 맡은 임무에 충실하다 보면 좋은 평판과 함께 승승장구할 수 있다.

 "노력은 배신하지 않는다. 만 리 길도 한 걸음부터 시작하라."

제5장 : 풍요로운 삶을 만드는 투자의 지혜

" 모든 것이 완벽할 때까지 기다리지 마라. 세상에는 모든 것이 완벽한 때란 없다. 어느 시기에도 도전, 장애물, 완벽하지 않은 상황이 있기 때문이다. 그렇기에 지금 바로 시작하라. 한 걸음 한 걸음 나아가다 보면 더 강해질 것이고 조금씩 더 실력이 쌓일 것이고 조금씩 더 자신감이 생길 것이고 조금씩 더 성공하게 될 것이다."

*** 마크 빅터 한센 ***

자본이 일하는 시스템을 구축하라.

1일 임대 소득
5일 배당 소득
10일 근로 소득
25일 연금 소득

내 통장에는 4가지 소득이 매달 꼬박꼬박 찍힌다. 근로 소득만 빼고 3가지 소득은 내가 잠을 자든, 여행하든, 지구 반대편에 있든 자본이 일하는 시스템에 의거 알아서 들어온다. 퇴직하는 날에는 퇴직 연금과 연금보험, 연금 저축까지 추가 소득원이 발생한다.

자기 계발 전문가 톰 콜리는 < 부자 습관 가난한 습관 >에서 "성공하는 사람들은 하나의 소득원에만 의존하지 않는다." 라고 했다. 여러 개의 소득원을 마련하여 한군데가 일시적으로 악화하더라도 다른 소득을 올릴 수 있도록 여러 소득원을 마련한다는 뜻이다.

주변에는 40~50대에 배당투자와 수익형 부동산 투자를 통하여 경제적 자유를 얻어 조기 은퇴하는 사람들이 있다. 부동산은 목돈이 있어야 투자할 수 있지만, 배당투자는 적립식으로 투자하면 처음부터 많은 자본이 없어도 투자할 수 있는 장점이 있다.

직장인이라면 근로 소득 일부분을 할애하여 적립식으로 장기 투자하면 제2의 연금 소득을 마련하는데 최고의 상품이 될 수 있다. 매월 배당금 입금되었다는 톡 울림의 매력은 해보지 않은 사람은 모른다.

" 0000종목에 대한 배당금이 입금되었습니다. " 라고, 매달 카톡으로 알려준다. 그날은 하루 종일 기분이 좋은 날이 된다.

최근에는 국내 및 해외 고배당 ETF 상품이 여러 종류가 출시되고 있는 관계로 배당주에 관한 공부를 하고 경험을 쌓는다면 안정적으로 연금 소득을 마련할 수 있다.

미국은 소득의 10%를 의무적으로 펀드에 가입시키는 401K (확정기여형) 이라는 퇴직 연금 제도가 있는 관계로 개인들이 직접 투자하지 않아도 매일 주식과 채권에 투자되어 노후에 안정적인 연금 생활이 가능하게 되어있다.

 우리나라에도 근로자 퇴직 연금 제도가 2019년부터 시행하고 있지만 대부분 수익률이 낮은 원금 보장형으로 운용되고 있어서 수익률이 2~4%밖에 되지 않는다고 한다. OECD 회원국 중 노인 빈곤률이 가장 높은 우리나라는 퇴직금만으로 안정적인 노후 준비를 할 수 없는 것이 현실이다.

 석유왕 록펠러는 "진정으로 부유해지고 싶다면 소유하고 있는 돈이 돈을 벌어다 줄 수 있도록 하라. 개인적으로 일해서 벌 수 있는 돈은 돈이 벌어다 주는 돈에 비하면 지극히 적다."라고 했다. 자신의 자본이 하루도 빠짐없이 일을 하여 노동으로 일하는 소득보다 훨씬 고수익을 창출하도록 투자하라는 뜻이다.

자본이 일하게 하는 방법에는 주식, 채권, 펀드, 부동산 임대 수입, 1인 창업, 로열티 네트워크 마케팅 등도 방법이 될 수 있다. 이러한 자본 운용에 있어서 좋은 성과를 이루어 내려면 어느 정도 기본 금융 지식이 있어야 한다.

금융 전문가들에 의하면 OECD 국가 중 우리나라가 일본 다음으로 금융 문맹국이라고 한다. 교육열은 세계 최고이면서 금융 분야에 대한 지식은 최하위에 머물고 있다.

유대인들이 미국 인구의 3%밖에 되지 않지만 100대 기업 40%가 유대인 기업이고 맨해튼의 금융 시장을 휘어잡고 있는 것은 다른 나라 국민보다 일찍 경제 공부를 하고 투자하는 습관을 지니고 있기 때문이다.

대부분 사람은 금융 지식이 부족한 것이 사실이다. 회사에서도 직원들에게 투자에 대하여 질문하면 저축만 한다고 한다. 요즈음처럼 저금리 상황에서는 저축만으로는 안정적인 노후 준비가 어렵다. 부자가 되기 습관을 통해 돈을 귀하게 여기고, 슬기롭게 소비하고 돈을 현명하게 투자해서 경제적 독립을 강조한 "부자 되기 습관" 저자 부자 학교 존 리 대표는 펀드의 장기 투자가 자본이 일하게 하는 가장 효과적인 방법이라고 말했다.

 우리나라 대부분의 개인 투자자들은 펀드에 가입하더라도 단기 투자에 치우쳐 큰 이익을 거두지 못하는 경향이 많은 것이 사실이다. 필자도 펀드에 잘 모르던 사회 초년생 때 단기 투자만 여러 번 하여 큰 이익을 거두지 못한 경험이 있으며, 그 후 해외 주식형 펀드에 장기 투자하여 큰 수익을 낸 적이 있다.

 우리가 열심히 일하는 목적은 더 나은 삶을 살아가기 위한 것이다. 이러한 목적을 달성하기 위해서는 가장 먼저 투자의 중요성을 깨닫고 관련 서적을 읽고 강연회에 참석하면서 충분한 지식을 습득하여야 한다. 대부분 가난한 사람들은 힘들게 일하고 그 소득을 투자하지 않고 모두

소비하는 경향이 많고 부자들은 일하고 저축하고 투자하는 경우가 많다고 한다.

필자는 현재 국민연금과 퇴직 연금을 제외하고 임대 소득을 비롯하여 보험사의 연금보험, 은행의 연금펀드, 증권사의 연금 저축과 고배당 ETF 등에 꾸준히 투자하고 있다.

100세 시대 풍요로운 삶을 위하여 평생 일하지 않아도 되는 최강의 머니 머신, 즉 자본이 일하는 시스템을 구축하여야 한다.

" 기억하라. 노후는 그 누도 책임져 주지 않는다는 사실을 "

고배당주 투자로 제2의 연금을 만들어라.

<노화의 종말> 저자 데이비드 싱클레어 하버드대 의대 교수는 조만간 인간의 수명이 120살로 늘어날 것이라고 예상하고 있다. 갈수록 평균 수명이 높아진다는 의미이다.

지금 우리는 초장수 시대에 살고 있다. 이러한 시대에 안전한 노후 준비를 하기 위하여 다양한 연금 시스템을 만드는 것은 무엇보다 중요한 일이다.

2025년 기준 우리나라 국민연금 평균 수령액은 67만 원에 지나지 않는 관계로 안정된 노후를 위해서는 퇴직 연금 이외에도 다양한 추가 연금이 필요한 상황에 놓여 있다.

고배당주로 노후에 안정적인 배당금을 받아 연금으로 사용하기도 쉬운 일은 아니지만 큰 욕심만 부리지 않고 꾸준히 투자하는 습관을 지니게 되면 얼마든지 큰 자산을 이루어 낼 수가 있으며 연금으로 그 기능을 충분히 발휘할 수 있다.

최근에는 국내에서도 미국 주식에 투자하는 다양한 간접 투자 상품이 출시되어 운용되고 있으므로 누구나 손쉽게 고배당 상품에 투자할 수 있어 종목만 잘 선택할 수 있는 능력을 키우면 성공적인 배당 연금 투자를 할 수 있다.

필자도 노후 준비로 고배당 ETF 등에 매월 투자하고 있고 토탈 리턴(Total Retunr) 배당 투자 방식으로 매월 받는 배당금은 찾지 않고 다시 재투자하면서 복리로 자산을 운용하고 있다.

고배당 ETF는 약세장에서도 배당금이 지속해서 지급되는 장점과 연금 저축에 가입하여 운용하게 되면 연말 세액 공제도 가능하므로 리스크를 최소화하면서 높은 금융 자산을 만들 수 있는 것으로 직장인들에게는 황금알을 낳는 최고의 투자 상품이라 할 수 있다.

필자의 배당주에 대한 포트폴리오는 다음과 같다.

종 목	연평균 배당금	배당 주기
JEPQ	0.44 $	월
TLTW	0.40 $	월
QYLD	0.22 $	월
리얼티 인컴 (O)	0.26 $	월
알트리아 그룹 (MO)	0.95 $	분기
애브비 (ABBV)	1.64 $	분기
Tiger 미국 30년 국채 커버드콜 액티브	82원 (3개월 평균)	월
Rise 미국 AI 밸류체인 데일리 고정 커버드콜	225원 (3개월 평균)	월
Rise 200 위클리 커버드콜	141원 (3개월 평균)	월
Kodex 미국 나스닥 100 데일리 커버드콜	158원 (3개월 평균)	월
Kodex 200 타겟 위클리 커버드콜	141원 (3개월 평균)	월
Plus 고배당 위클 커버드콜	142원 (3개월 평균)	월
기업은행	1,065원	년
대신증권1우	1,250원	년

(2024. 6월 기준)

상기 종목 이외 배당률이 높은 Aply, Nvdy, Tsly, Nfly, Cony 등은 주가 변동 폭이 지나치게 큰 관계로 포트폴리오에서 제외하였고 보다 안정적인 종목으로 구성하는 데 역점을 두었다.

최근 금리도 점진적으로 하향되는 추세에 있는 관계로 적금이나 예금만으로 적정 금융 투자 수익을 내기란 어려운 게 사실이다. 10%대 이상의 안정적인 소득을 창출할 수 있는 고배당주에 관심을 가져야 하며, 종목 선정이 신의 한 수가 되는 것이므로 종목에 대하여 안정성과 배당률, 수수료 등에 대한 높은 혜안이 필요하다.

< 투자의 미래 > 저자 제러미 시걸 교수는 미래 투자 전략 지침에서 "장기 보유할 주식은 지속해서 현금 흐름이 발생하고 이를 배당금으로 주주에게 되돌려 주는 기업이다."라고 했다. 신규 상장된 기업으로 기술 혁신을 주도 하는 기업보다 현금 흐름이 양호하면서 꾸준히 배당금을 지급하는 기업을 장기 보유하는 것이 장기적으로 보아 더 큰 자산을 이룰 수 있다는 뜻이다.

직장이나 주변 지인들에게 고배당주에 대하여 이야기를 하면 별로 관심을 보이지 않고 단시일 내에 일확천금을 바라보고 단타에 목메는 사람들이 많은 것이 현실이다. 이들은 고배당주에 대하여 투자를 해본 경험이 없으므로 자신이 없을 뿐만 아니라 너무 오랜 기간 투자를 하여야 한다는 생각 때문에 기피하고 있다. 또한 매월 꼬박꼬박 들어오는 배당금의 매력과 재투자로 인한 복리의 마법을 경험해 보지 않았기 때문에 두려워하고 관심이 없는 것이다.

많은 사람이 고가의 자동차나 명품 옷들은 망설임 없이 구입하면서 돈이 없어서 배당 투자를 못 한다고 한다. 고배당주로 노후 연금을 만드는 것은 과소비되는 비용을 아끼고 월급 일부분을 적립식으로 장기 투자면 충분히 노후 연금으로 자산을 불릴 수 있다.

처음부터 많은 투자 자금이 필요한 것도 아니며 일반 주식 매매와 같이 변동성이 높아서 큰 손실 위험이 있는 것도 아니며, 어떤 투자보다

리스크도 적고 고수익을 추구할 수 있는 간편한 방법이다.

 주식투자를 망설이고 두려워하는 가장 큰 문제는 처음부터 주식에 대한 안 좋은 선입관을 가지고 관심을 보이지 않는 것과 배당투자의 매력에 대하여 배우지 않으려는 소극적인 자세 등이 가장 큰 문제라 할 수 있다. 이러한 적극적이지 못하고 금융 문맹을 탈피하지 못한 위험한 사고를 하루빨리 변화시켜야 한다.

 직장인이 직접 주식투자로 수익 내는 것은 손실 위험도 따르고 본업에 소홀해지기 쉬우므로 많은 어려움이 따른다. 따라서 전업 투자가 아닌 직장인들은 국내외 고배당 ETF 등 간접 투자로 노후 대비를 하는 것이 최상의 선택이라 할 수 있다.

 통계청 발표에 의하면 2023년 은퇴 후 부부의 적정 생활비는 매월 324만 원이 필요하다고 한다. 평균 수령액 60만 원대에 지나지 않는 우리나라의 국민연금만으로는 안정된 노후가 보장되지 않는 것이 현실이다. 노후 준비는 명품 소비재나 자녀의 사교육비보다 우선하여야 하며, 하루라도 젊을 때 시작해야 하여야 한다.

 어떤 직장인은 국민연금 외에 개인연금과 퇴직연금, 임대 소득, 연금 저축, 배당 소득 등 6가지 연금 파이프라인을 구축하여 안정적으로 노후 준비를 하는 직장인들도 있다. 모든 것은 명확한 목표와 하려는 확고한 의지에 따라 이루어지는 것이다.

 전설의 투자자 워런 버핏은 재산의 90%를 65세 이후에 이루었다. 그만큼 가치주에 장기 투자를 하면서 배당금으로 재투자하여 복리의 효과를 최대한 이용하여 큰 자산을 이루어 억만장자의 반열에 올랐던 것이다.

 장기 투자도 아무런 주식을 사서 장기 투자하여서는 안 되는 것이며, 우량주 가운데서 배당을 꾸준히 지급하는 소위 배당킹주와 배당귀족주, 배당성장주, 고배당 ETF 등 가치주에 장기 투자하여야 성공적인 투자를 성취할 수 있다.

배당킹 주식 중에 워런 버핏이 가장 많이 소유하고 있는 코카콜라의 예를 들어보면 2025년 미국의 상호 관세 정책으로 인하여 세계 증시가 몇 개월 만에 20% 이상 큰 폭으로 조정을 받았다. 2025년 1월부터 4개월 동안 S&P500지수는 15%, 나스닥100 지수는 20.8%가 하락했지만, 코카콜라는 10.6% 상승하면서 배당주로서 막강한 위력을 과시했다. 이처럼 배당 가치주는 여러 가지 악재로 인하여 큰 하락 장에서도 방어를 잘하는 것을 알 수 있다.

고배당주로 노후 자산을 크게 만드는 방법은 무엇보다도 과소비를 줄여야 한다. 명품 가방 대신 일반 백을 사서 비용을 줄이고, 고가 자동차 대신 중고차를 타면서 할부금을 절약하고, 해외여행을 절반으로 줄여서 여행 비용을 줄이고, 해마다 습관적으로 사는 신상품 의류 비용을 줄여야 한다.

또한 여러 번 하는 외식 비용 줄이고, 택시 타는 대신 대중교통을 이용하여 비용을 줄이고, 남의 눈을 의식하여 과도하게 지출되는 사교육비 등을 줄여서 나의 미래를 위한 노후 자산에 투자하여야 한다.

이러한 과소비 비용에서 절약한 비용과 월급 일부분을 꾸준하게 투자하고 좋은 종목을 선정할 수 있는 혜안을 가질 수 있도록 다양한 공부를 하면서 단기보다는 장기적으로 운용하면 노후 자산을 충분히 마련할 수가 있다. 젊을 때 흥청망청 사치와 쾌락만을 일삼으면서 노후 준비를 하지 않으면 나이 들어서 노후에 정작 몸이 아프고 돈이 필요할 때 자녀들 눈치 보고 자존심에 큰 상처를 입게 되는 상황이 발생하게 되기 때문에 어떠한 일보다도 우선하여 한 살이라도 젊을 때 다양한 연금 파이프라인을 마련하여야 한다.

많은 사람이 80대에도 공공 근로하면서 생계를 유지하는 사례와 무료 급식소를 찾아 헤매는 일은 사전에 노후 준비를 철저히 하지 않았기 때문이다. 초고령화 시대 노후 파산 남의 일이 아니다. 심각하게 고민하고 준비하여야 한다.

11살부터 금융 투자를 시작한 워런 버핏이 가장 후회하는 것은 8살 때부터 주식투자를 하지 않은 것이라고 했으며, 배당투자로 많은 자산을 축적한 사람들의 공통점은 좀 더 일찍 배당투자를 하지 않은 게 후회된다고 하였다.

주변 사람들이 투자로 안정적인 수익을 이루는 것을 보면 포모(FOMO-기회를 놓칠까 두려워 하는 심리적 불안감) 현상으로 매사에 위축될 수밖에 없다. 투자 잘하는 사람 부러워할 필요 없이 자신도 적극적으로 배워서 한시라도 빨리 시작해야 한다.

과감히 도전하고 실행하라. 늦었다고 생각할 때가 가장 빠른 때이다. 2~3% 저금리 시대 10% 이상의 수익을 창출할 수 있는 고배당주와 ETF 투자로 제2의 연금을 마련하여야 노후 파산 없는 풍요로운 미래를 맞이할 수 있다.

< Tip >
* 배당킹주 : 50년 이상 배당을 늘려온 기업
* 배당귀족주 : 25년 이상 연속으로 배당금을 늘려온 기업
* 배당성장주 : 꾸준히 배당금을 증액하는 기업

주식 안전하게 투자하는 지혜

회사 직원 L씨는 S 주식을 종합지수 3천 포인트 넘을 때 고점에 사서 2025년 초에 20% 손실을 보고 처분하고 주식을 쳐다보지 않겠다고 했다.

K씨는 몇 년 전에 S 주식을 8만 원대에 수천만 원을 동원하여 매수하였는데 1년 가까이 지속적으로 하락하여 2025년 현재 약 30% 손실을 보고 있어서 팔지도 못하고 걱정이 태산이다. B 직원은 바이오주가 신약 개발 이슈가 있다고 매수하여 50% 이상 손실을 보고 있다.

많은 개인 투자자들이 우량주라고 하여 투자하고 주변 사람들이 추천하여 투자하여 수익은커녕 손해만 보고 있는 경우가 많은 것이 현실이다. 같은 업종인데도 어떤 주식은 계속 하락하는 반면 어떤 주식은 두 배 이상 상승하는 것을 보면 정보력이 기관이나 외국인 투자자에 비해 뒤떨어지는 개인이 개별 주식투자로 수익을 얻기란 쉬운 일 아니다.

 최근 우리나라 주식 투자자도 해외 투자로 많이 전환하고 있고 특히 미국 주식 투자자들이 증가하고 있는 추세이다. 여러 가지 요인이 있겠지만 애플이나 아마존 등 세계적인 기업이 미국에 많이 있는 최대의 시장이기 때문일 것이다.
 국내든 미국이든 주식투자는 부동산과 달리 변동성도 크고 호재와 악재에 따라 크게 변동성이 확대되는 것이기 때문에 주식투자를 결정할 때는 신중 하여야 한다.

 초보 투자자인 경우는 일확천금을 노리고 많은 금액을 무리하게 투자하다 보면 실패할 가능성이 높고 특히 개인 투자자들이 기관과 외국인 투자자들과 싸워서 수익 내기란 매우 힘들기 때문에 직접 투자는 어려움이 많은 것이 사실이다.

 필자도 사회 초년생 때 공부도 하지 않은 채 단

타, 미수, 신용 등을 무리하게 이용하여 큰 손실을 본 경험이 있으며, 지금은 개별 주식보다는 안정적인 펀드나 고배당 ETF 위주로 투자하여 자산을 늘려 가고 있다.

개인이 개별 주식투자로 성공하는 확률은 5% 밖에 되지 않는다고 하므로 가급적 본업에 충실하면서 직접 투자보다는 간접 투자를 장기적으로 운용하는 습관을 지녀야 안정적인 투자를 할 수 있다.

미국 월가의 전설적인 펀드 매니저 "피터 린치"는 마젤란 펀드를 13년 동안 (1977~1990년) 운용하여 2천7백%라는 경이로운 수익을 기록한 바 있다. 이는 연평균으로 환산하면 29.2 %의 수익을 꾸준히 낸 것이다. 물론 1~2년 단기로 운용했던 사람들은 이러한 큰 수익을 내지 못했고 일부는 손실을 기록한 투자자들도 있다고 한다. 하루하루 변동성에 일희일비하다 보면 큰 수익을 내지 못하는 경우가 많다는 이야기이다.

다년간 재테크를 하면서 안정적으로 자산을 늘려가고 있는 필자의 경험을 발판으로 삼아 개인투자자들이 성공적인 주식투자 비법 6가지를 제시해 보면 다음과 같다.

1. 고배당주식을 꾸준히 적립식으로 투자하라.
2. 연금펀드에 장기 투자하라.
3. 연금 저축에 가입하라.
4. 경제 공부 꾸준히 하라.
5. 자신만의 투자 철학을 가져라.
6 과도한 욕심을 버려라.

 첫 번째, 고배당주를 매월 월급의 일정 금액을 꾸준히 적립식으로 투자하라. 고배당주나 ETF를 꾸준히 모아 나가면서 배당금을 재투자하여 복리로 운용하면 눈덩이처럼 더욱더 큰 자산을 마련할 수 있고 노후 준비 자금으로도 훌륭한 자산이 될 수 있다.

 아인슈타인은 "복리는 세계 8대 불가사의이며 인류 최고의 발명이다."라고 했다. 항상 금융 자산은 복리로 운용하여야 수익을 극대화할 수 있다.

최근에는 수익률이 10% 이상 되는 미국 주식에 투자하는 고배당 ETF와 국내 주식에 투자하는 ETF 등 여러 종류가 판매되고 있는 관계로 저금리 상황에서 개인들이 큰 신경 안 쓰면서 편리하게 투자할 수가 있는 환경이다.

어떤 투자든 단타로 큰 부를 이룰 수는 없다. 일정 금액을 꾸준히 적립식으로 투자한다면 은퇴 시에는 큰 자산이 되어 노후 자금으로 그 기능을 충분히 발휘할 수 있을 것이다.

두 번째, 연금펀드에 적립식으로 장기 투자하라. 적립식으로 투자하면 상승 시기와 하락 시기와 관계없이 꾸준히 투자되므로 장기적으로 보면 큰 수익을 낼 수 있다.

연금펀드는 시장이 하락 시기에는 안전한 채권형으로 전환도 가능하고 연말 세제 혜택도 가능하므로 장기 투자에 적합한 상품으로 직장인에게는 매우 좋은 상품이라 할 수 있다.

 워런 버핏은 그의 유언장에 내 자산의 90%는 S&P500을 추종하는 인덱스 펀드에 투자하라고 했다. 적은 돈이라도 좋은 펀드를 선정하여 장기로 투자하게 되면 10년, 20년 후에는 큰 자산을 가질 수 있는 것이다.

 세 번째, 황금알을 낳는 연금 저축에 가입하라. 연금 저축은 절세 효과와 배당 수익을 벌어들이는 두 마리 토끼를 잡는 방법이다.

 연금 저축에 가입하게 되면 연간 천8백만 원까지 납입이 가능하며 900만 원까지는 소득 공제도 가능하므로 고배당 ETF를 편입하게 되면 배당 이익도 거둘 수 있는 좋은 장점이 있는 관계로 직장인이라면 반드시 연금 저축 상품에 가입하는 것이 현명한 주식투자의 한 방법이라 할 수 있다.

필자도 증권 회사의 연금 저축에 가입하여 적립식으로 적립하면서 고배당 ETF에 투자하여 배당금도 받고 연말 세액 공제도 받고 있다. 이러한 상품이 있는 것은 참으로 다행한 일이며 신이 내린 상품이라 할 수 있다.

네 번째, 꾸준한 공부를 통하여 풍부한 경제 지식을 쌓아야 한다. 전설의 투자가 워런 버핏이나 월가의 영웅 피터 린치, 현명한 투자자 벤저민 그레이엄 등 억만장자들 대부분이 꾸준히 학습하고 강의를 들으며 책을 많이 읽는다고 한다.

풍부한 지식이 없이는 주식투자로 성공 확률은 거의 없는 것이기 때문에 투자에 대한 관련 서적을 많이 읽고 경제 신문을 매일 보면서 꾸준히 경제 지식과 정보를 습득하여 나가야 한다.

경제 공부는 빠를수록 좋다고 할 수 있다. 한 살이라도 젊을 때 경제 공부를 하여 금융 문맹에서 탈피하여야 투자에서 성공을 거둘 수 있는 것이다.

한국의의 교육열은 세계 최고이지만 금융 교육은 전무한 수준에 머무르고 있다. 미국의 경우 초등학교부터 학생들이 참여하는 주식투자 클럽이 활성화되어 있어 어린이들이 경제와 금융을 접할 기회가 많다고 한다. 젊은 시절부터 워런 버핏처럼 투자를 배우고 경험을 쌓는 것이 성공의 지름길이 되는 것이다.

다섯 번째, 자신만의 투자 철학을 가져야 한다. 대부분의 초보 투자자는 소문에 따라 뇌동 매매를 하거나 주변 지인들로부터 추천받아 투자하는 관계로 큰 손실을 보곤 한다.

주식은 우량 종목이 저평가되어 있을 때 사서 적정 가격까지 상승하였을 때 매도하는 것이 정석 투자이다.

본인의 투자 철학이 없으면 테마주나 작전주 등에 묻지 마 식으로 투자하다 보면, 추격 매매를 한다든지 하락 시 손절도 못하는 등 실수를 범하게 되고 싼 주식만 선호하다가 상장 폐지당한다든지, 작전 세력에 휘말린다든지 자신의 감정을 통제하지 못하여 큰 손실을 보게 되는 것이다. 이 때문에 항상 실전 경험을 쌓고 자신만의 투자 기법을 가지고 투자하여야 심리적으로 흔들리지 않고 성공적인 주식투자를 할 수가 있다.

 여섯 번째, 지나친 욕심을 버려야 한다. 욕심이 화를 부른다는 말이 있듯이 주식투자도 단타로 많은 수익을 내겠다는 욕심으로 단기 투자를 일삼다 보면 큰 수익을 못 내면서 수수료만 지급하는 사례가 발생하게 된다.

또한 얕은 지식으로 대박을 내겠다는 생각으로 미수나 신용으로 무리하게 투자하다 보면 수시로 발생하는 악재로 말미암아 큰 손실을 보는 경우가 있으므로 항상 지나친 욕심을 절제하면서 배당주, 채권, 달러 등으로 분산하여 안정적인 투자를 하여야 한다.

우보천리(牛步千里)라는 사자성어가 있다.

천천히 안전하게 목표를 달성하는 것을 의미한다. 주식투자에 있어서는 가장 중요한 것은 돈을 잃지 않고 안전하게 투자하는 것이므로 과도한 욕심을 내려놓고 시간이 걸리더라도 안전하게 지속해서 자산을 증식시켜 나가야 한다.

풍요로운 삶을 영위하기를 희망한다면 위에서 열거한 주식투자로 자산을 늘려 가는 비법 6가지를 탐구하고 실천하라.

실패하지 않는 부동산 투자의 비법

 부동산 투자에는 아파트를 비롯하여 다가구주택, 빌라, 오피스텔, 도시형 생활주택, 단독주택, 상가, 분양권, 토지, 레지던스, 지식산업 센터 등 여러 종류로 분류할 수 있다.

 이러한 부동산 들은 많은 돈이 동반되어야 투자가 가능한 것이므로 초보 투자자들은 종잣돈을 마련해야 하므로 쉽게 접근하는 데에는 한계가 있다.

 부동산 투자도 주식투자와 마찬가지로 많은 공부를 한 다음 투자를 하여야 실패를 줄이고 안전한 투자를 할 수 있다. 처음에는 책을 통하여 기본 지식을 쌓아야 하고 틈틈이 전문가와 상담을 통하여 배우고 현장을 답사하면서 부동산을 보는 안목을 키워 나가야 한다.

 2025년 우리나라는 초고령화 사회로 접어들었다고 한다. 출산율도 매우 낮은 상황에 있어서 부동산 투자는 더욱 어려움이 가중되고 있고 잦은 정책 변경 등으로 투자를 선택함에 있어서 더욱 디테일한 연구와 공부가 필요하다.

무주택자라면 내 집 마련부터 하라.

내 집 마련이 중요한 그것은 초보 투자자에게는 내 집 마련이 부자가 되는 첫 번째 디딤돌이 되는 것이며, 내 가족이 살아갈 보금자리이기 때문이다.

지금은 집값이 많이 올라 집을 쉽게 구입할 수는 없으므로 청약 저축에 가입하고 종잣돈 마련에 최선을 다하여야 한다.

소형이라도 내 집을 마련해서 살아가면서 평수도 늘리고 매매 경험도 쌓는 것도 투자에 있어서 많은 도움이 되므로 처음에는 임대 주택에 살면서 소형 평수를 구입하는 데 초점을 맞추는 것이 올바른 투자라 할 수 있다.

내 집을 갖게 되면 인플레이션으로 인하여 가격이 상승하여 자산을 늘려나갈 수 있으며 임대료 인상과 잦은 이사의 불안감이 해소되고 주변의 시세와 브렌드의 중요성, 그리고 입지의 중요성을 깨닫게 되고 한층 더 부동산을 바라보는 시야가 넓어지게 된다.

초보 투자자라면 입지가 좋은 곳에 학군 등을 고려하여 소형 아파트를 구입하여 안정되게 거주하면서 입지의 중요성, 브렌드의 중요성, 교통의 중요성, 편의 시설의 중요성, 학군의 중요성 등에 대하여 경험을 쌓으면서 자녀가 성장함에 따라. 차츰차츰 큰 평수로 옮겨 가는 방법을 강구 하는 것이 가장 좋은 방법이라 할 수 있다.

필자도 최초 주택 구 입은 전세 살면서 23평 아파트를 구입하여 살면서 27평, 34평 등으로 평수를 늘리면서 내 집 마련을 해왔다.
처음부터 무리하게 큰 평수를 구입하려고 욕심을 내게 되면 대출 이자와 관리비가 부담되는 경우가 많으며, 가구나 인테리어비용이 많이 소요됨으로 생활에 큰 부담이 될 수가 있으므로 큰 평수를 구입하는 것은 신중히 고려하여야 한다.

내 집을 갖는 것은 가족의 안정과 행복 그리고 풍요로운 미래를 위한 투자이므로 무리한 빚 투자보다도 종잣돈을 착실히 모아서 내 집 마련하는 데 집중하여야 한다.

가급적 핵심 지역에 사라.

지역별로 서울의 강남 같은 핵심 지역이 있다. 부산의 해운대구, 대구의 수성구, 대전의 둔산지구, 광주의 남구 봉선동, 인천의 송도, 청주의 흥덕구 복대동, 울산의 남구 신정동, 수원의 광교, 천안의 신불당, 세종시 소담동 등과 같이 핵심 지역은 교통과 상권이 잘 발달되어 있어 집값이 외곽 지역보다 비싸게 거래되며, 가격이 상승할 때는 훨씬 많이 상승하고 거래도 잘된다.

내 집 마련을 하든 투자용으로 구입을 하든 가급적 핵심 지역에 주택을 구입하여야 매매도 쉽고 가격 탄력성도 좋다. 서울을, 예를 들면 부동산 상승기에 강남은 한 달에 몇억씩 오르는 데 반하여 외곽 지역은 몇천만 원밖에 오르지 않기 때문에 항상 핵심 지역에 많은 관심을 가지고 저평가되었을 때 구입하여야 후회하지 않는 투자가 되는 것이다.

필자도 수년전에 전에 강남이 아닌 곳에 아파트를 매매 한 적이 있었다. 그때도 한창 APT 가격이 상승할 때 보면 강남은 한 달에 수억 원씩 오르는 데 반하여 그 외 지역은 수천만 원만 오르는 경우를 경험한 바 있다.

지방도 마찬가지로 핵심 지역과 그 외 지역의 가격 상승 금액 차이는 상당히 크기 때문에 항상 APT를 구입할 때는 핵심 지역을 고르는 것이 빨리 자산 증식을 하는 지름길이라 할 수 있다.

최근 똘똘한 아파트가 똘똘하지 않은 아파트 10채도 부럽지 않다는 유행어가 있으면서 핵심 지역 아파트가 인기를 끄는 것도 그만큼 좋은 입지의 아파트가 부를 이루는 최고의 물건이 되기 때문이다.

투기를 해서는 안되지만, 누구나 선망이 되는 핵심 지역에 있는 아파트에 지속적인 관심을 두어야 자산을 빨리 늘려가는 지름길이 된다.

역세권 대 단지 브랜드 아파트를 노려라.

역세권은 통상 걸어서 10분 이내를 역세권이라 한다. 전철이나 GTX 역 근처의 아파트는 교통이 편리한 장점이 있는 관계로 비역세권 아파트보다 가격도 비싸고 젊은 층의 선호도가 높아 매매도 잘된다.

서울의 경우에는 역세권도 여러 역세권이 있는데 여의도와 강남 접근이 용 이하고 더블 역세권이면 교통의 편리성으로 인하여 더욱더 선호도가 높아서 앞으로도 꾸준히 관심을 가져야 할 지역이라 말할 수 있다.

 가구 수도 1,000세대 이상 되는 아파트가 관리비가 저렴하고 학군과 상권이 잘 발달되어 있는 관계로 인기가 높은바 가급적 대단지 아파트를 구입하는 것이 여러 가지 측면에서 장점이 많다고 할 수 있다.

 그리고 1군 브랜드 아파트가 선호도가 높은 관계로 가급적 브랜드 아파트를 구입하는 것이 하자 보수 관리도 편리하고 인지도가 있어 추후 매매 할 때도 쉽게 매매할 수가 있는 유리한 점이 많다고 볼 수 있으므로 가급적 역세권 대단지, 브랜드 아파트에 투자하는 것이 좋은 투자라고 할 수가 있다.

고령층일수록 편의 시설이 잘 갖추어진 도심에 거주하라.

나이가 많아질수록 일본의 롯폰기 힐스처럼 병원, 백화점, 문화시설 등이 들어선 복합 시설 주변에 거주하여야 응급 시 가까운 병원을 쉽게 이용할 수가 있고 쇼핑이나 문화시설도 편리하게 이용하면서 건강한 노후를 보낼 수 있게 된다.

은퇴 후에는 헬스클럽이나 수영장 등 운동 시설이 가까운 곳에 거주하면서 꾸준히 근력운동을 하여야 건강한 신체를 유지할 수가 있다.

문화시설이 있는 것도 노년에 따분하고 외로움을 없애고 여러 사람을 만나면서 인적 유대 관계도 형성하고 생활에 활기를 찾을 수 있는 좋은 장소가 되기 때문에 다양한 문화시설 근처에 거주하게 되면 많은 장점이 있다.

집에서만 생활하다 보면 건강도 안 좋아지고

고립감이 증가하므로 문화시설이 잘 갖추어진 곳에 거주하면서 도서관이나, 각종 공연과 전시회 등을 이용하면서 행복한 삶을 추구하도록 노력하라. 진정한 행복이 무엇인지 느낄 수 있을 것이다.

 최근 맑은 공기와 마당, 텃밭 등 자연과 함께 호흡할 수 있다는 로망을 가지고 도심에서 멀리 떨어진 전원주택을 구입하여 살다가 외로움, 도심 접근 불편, 편의 시설 부족, 치안 문제, 관리비 증가, 건물 관리 불편 등의 사유로 다시 도심으로 회귀하는 현상이 일어나고 있다고 한다.

 전원주택도 도심과 가까운 곳에 거주하여야 하고 처음에는 임대로 살아보고 장단점을 파악한 다음 구입을 고려해 보는 게 후회하지 않는 투자가 될 것이다.

영구 조망권이 있는 아파트를 사라

지금은 향보다 뷰가 있는 아파트가 가격이 훨씬 높게 오르고 선호도도 높으므로 조금 더 비싸더라도 바다, 강, 공원 등 뷰가 있는 아파트를 구입하는 것이 좋은 투자라 할 수가 있다.

서울을 기준으로 살펴보면 한강 뷰가 되는 아파트들이 희소성으로 인하여 계속해서 인기를 누릴 것이고, 부산은 영도대교 조망권이 있는 아파트들이 인기가 있을 것으로 전망된다.

세종시를 비롯하여 일산, 광교신도시나, 동탄신도시는 호수 공원이 조망되는 아파트들도 지속해서 유망 투자 아파트라 할 수 있다. 추후 여의도나 압구정 아파트들이 재건축되면 한강 조망이 가능한 아파트는 백억 대 아파트들이 즐비할 것으로 예상되므로 이러한 지역의 아파트들에 대하여 꾸준한 관심이 필요하다.

2021년 맨해튼 센트럴 파크 인근 어느 아파트는 최저 300억에서 최고 2천9백억 원에 분양했다고 한다. 어느 나라 할 것 없이 핵심 지역의 강이나 공원 뷰가 있는 주택은 편리성과 희소성으로 인하여 항상 최고 비싼 가격을 형성하고 선호도가 높은 것이므로 경제적인 조건이 된다면 뷰가 있는 주택을 구입하여 악재가 있는 경우에도 하락률이 낮고 상승기에는 크게 상승하는 혜택을 누릴 수 있을 것이다.

서울 부동산은 장기 보유하라.

1988년도 필자가 군에서 전역할 무렵 잠실 아파트 15평이 3천만 원 정도면 구입할 수 있었다. 2025년 4월 현재 시가가 20억이 넘는다. 서울은 교통을 비롯하여 정치, 경제, 금융, 문화, 교육, 예술 등 모든 분야가 집중되는 곳이며 편의 시설이나 쇼핑, 관광, 스포츠, 의료 시설이 최고 수준이고 대기업 본사가 거의 서울에 있으므로 사람들이 집중될 수밖에 없는 것이다.

도쿄를 비롯하여 뉴욕, 홍콩 등 대부분 국가의

수도는 젊은 층이 양질의 일자리를 찾아 집중되기 때문에 주택이 수요에 비하여 공급이 부족하여 부동산값이 꾸준히 상승할 수밖에 없다. 최근에도 다른 지방 도시는 공급 과잉으로 부동산값이 약세에 머물고 있지만 강남, 용산 마포 등 서울의 핵심 지역은 꾸준히 상승하며 인기 있는 아파트는 사상 최고가를 경신하고 있다.

 경기가 침체하고 인구가 감소하는 시대에도 불구하고 교통 시스템이 세계 최고 시설을 자랑하는 서울은 세계적인 도시로 발전하고 지속해서 성장하고 있으므로 서울의 부동산은 꾸준히 인기를 유지 할 것이고 끝까지 살아남을 곳으로 예상된다.

 부득이 지방 근무로 인하여 직주 근접 주택이 못 되더라도 임대를 놓고 근무지 근처에 임대 주택에 거주하면 서울의 주택은 계속 보유할 수가 있는 것이므로 가급적 서울의 주택은 장기 보유하는 것이 최고의 투자 방법이 될 것이다.

어떤 사람은 서울의 아파트를 팔고 한적한 시골에서 전원생활을 하다가 여러 가지 불편한 점이 있다고 하여 몇 년 만에 다시 서울 아파트를 훨씬 비싼 가격에 사서 이주하면서 많은 후회를 하는 사람들이 있다고 한다. 또 어떤 사람은 근무 관계로 해외로 나가면서 서울 아파트를 팔지 않고 임대로 주고 해외에서 수년이 지난 다음 다시 국내로 들어왔을 때 집값이 몇 배가 올라서 그때 안 팔기를 잘했다고 하면서 큰 부를 형성하는 사람도 있다.

 필자가 2002년에 서울에 S 아파트를 2억 원대에 사서 수천만 원의 차익을 보고 매도 하였는데 2025년 현재 10배 이상 상승하여 거래되고 있다. 서울은 팔고 나면 오르는 곳이 서울인 것을 명심하여야 한다.

 상가 투자 옥석을 가려서 투자하라.

상가 투자는 직접 사업을 할 수도 있지만 임대 수익을 바라보고 투자하는 경우가 대부분이다. 상가는 무엇보다 임대 수익률과 공실 등에 따른 문제를 고려하여 선택하여야 한다.

 많은 사람이 상가를 잘못 구입하여 낮은 임대료와 공실 때문에 어려움을 겪고 있는데 경기침체와 더불어 인구 감소 등으로 사회문제가 되고 있다.

 주택은 입지가 조금 떨어지더라도 임대 수요가 있어 큰 문제가 없지만 상가는 입지가 다소 떨어지는 2급지 상권에 있는 상가들은 장기간 공실 상태에 있으므로 상가를 구입할 때는 주의할 필요가 있다. 특히 신도시 등에 있는 근린 상가의 경우에는 아파트 상가와 달리 가격도 비싸고 우후죽순 분양하여 공실이 많아 신중히 투자하여야 한다.

 상가는 대단지 아파트의 단지 내 상가에 투자하면 공실을 줄이고 안정적인 임대 수익을 얻을 수 있으므로 가급적 1000세대 이상 대단지 아파트 단지 내 상가를 구입하여 임대 수익을 창출하는 데 집중하는 것이 바람직한 상가 투자가 될 수 있다.

수익형 부동산 투자 신중하라.

 수익형 부동산에는 오피스텔, 빌라, 도시형 생활주택, 다가구 주택, 레지던스, 지식산업 센터, 상가 등이 있다. 주택이 아닌 수익형 부동산은 투자에 있어서 주의할 필요가 있다. 특히 레지던스 같은 경우에는 분양 당시 광고한 것보다 현저히 낮은 수익이 나는 곳이 많아 여러 곳에서 운영사와 건물주와의 분쟁으로 많은 문제점을 안고 있다고 한다.

 시행 초기에는 주택으로 포함되지 않는 장점이 있는 관계로 경쟁률이 수백 대 1로 치솟기도 했지만, 현재에는 과다 공급으로 인하여 수익률이 현저히 낮아 많은 투자자가 어려움을 겪고 있는 실정에 놓여 있으며 건축법상 오피스텔로 전환도 쉽지 않으므로 투자에 주의가 요구된다.

 주변에도 자영업을 하는 지인 중에 레지던스를 고가에 분양받아 매매가 안 되어 정신적으로 어려움을 겪는 사례가 있고 많은 투자자가 마이너스 프리미엄에라도 팔고자 하는데도 거래가 안 되는 상황이라고 했다.

 또한 여러 곳에서 완공 후에도 부실 운영 등의 문제로 법적 분쟁이 많은 관계로 많은 투자자가 혼란스러워하고 직간접적인 손실을 보고 있다.

 항상 부동산 투자는 확정 수익 보장 이란 과장 광고에 현혹되지 않아야 하고 공급 과잉이라든지 임대 수익률 등을 고려하여 투자하여야 리스크를 최소화할 수 있는 것이다.

 지식산업 센터도 한때 광풍이 불었던 적이 있었지만, 현재에는 공급 과잉으로 공실과 낮은 수익률로 많은 투자자가 피해를 호소하고 있다. 지방의 한 지식 산업 센터는 2021년 분양은 인기가 높아 완판되었는데 입주는 40%밖에 되지 않아 많은 투자자가 피해를 보고 있는 실정이다.

 수익형 부동산에 접근할 때는 항상 수요를 예측하는 혜안이 있어야 하고 분양 업체의 광고만 믿고 투자하는 일이 없어야 한다. 특히 아파트가 아닌 경우 무리하게 대출을 받아서 투자하여 경매로 넘어가는 등의 실수를 하지 않도록 특별히 주의를 하여야 한다.

　기획 부동산 유혹에 넘어가지 마라.

 한때, 개발되기 어려운 싸구려 땅을 헐값에 매입하여 개발되면 큰 수익을 볼 것이라고 허위 광고로 많은 사람을 유혹하여 고가에 판매하는 악덕 기획 부동이 판을 쳤었던 적 있었다. 특히 부동산에 대하여 잘 알지 못하는 사람들을 대상으로 접근하여 사기 행각을 벌이는 경우가 많았다.

 주변 지인 중 한 사람도 기획 부동산에 속아 개발이 힘든 임야를 고가에 지분 형태로 구입한 사례가 있는데 지분 형태라 단독으로 매매도 어렵고 시세보다 훨씬 비싼 가격에 구입했다고 하소연하고 많은 후회를 하는 것을 보았다.

 항상 부동산 투자를 할 때는 잘 모르는 곳에는 전문가와 상의하고 현장을 철저히 분석하고 확인하여 개발할 수 없는 토지를 고가에 구입하는 사례가 없도록 주의하여야 한다.

 부동산 투자를 잘하려면 발품을 많이 팔아야 하며 최고의 멘토를 두고 잘 배워야 한다. 경매에 있어서 현장 방문을 다니는 것도 마찬가지이며 좋은 입지의 좋은 부동산을 구입하려면 현장에 자주 가봐야 하고 입지를 분석하는 데 어느 정도 실력을 갖추어야 한다.

"실패 없는 부동산 투자를 위해서 발품을 팔고 최고의 멘토에게 배워라."

노년에 빚내서 투자하지 마라.

 나이 들어서 빚을 내어 투자하게 되면 잘 되면 다행한 일이지만 잘못되면 노후 준비에 큰 지장을 초래하게 되므로 가급적 노후에는 빚을 내어서 투자하는 일은 삼가야 한다.

 노르웨이 극작가 헨리크 입센은 "빚과 대출에 기반한 삶은 자유롭고 아름다울 수가 없다."라고 했다. 빚에 기대어 살아가는 집안은 어느 순간부터 조여오는 불안과 속박에 지배당하게 된다는 의미이다.

 주변에는 은퇴 후 노후 자금과 빚을 내어 창업하여 큰 손실만 보고 폐업하는 사람이 여럿 있다. 노후 자금도 다 날리고 빚까지 지는 아주 안 좋은 투자가 된 것이다.

 60세 한 지인은 안정적인 월세를 바라보고 빚을 내어 근린 상가에 투자하여 처음에는 세입자가 들어와서 월세를 꼬박꼬박 받았으나 3년 후 경기 침체로 세입자가 나가면서 거의 1년 이상 대출 이자만 부담하고 있다.

어떤 사람은 은퇴하면서 안정적인 월세를 바라보고 지식산업 센터 1채를 분양받았으나 공실로 대출 이자만 부담하는 사람도 있다. 또 어떤 사람은 빚을 내어 자녀 결혼 비용을 충당하여 대출금 이자 때문에 마음이 매우 불편해한다. 결혼시킬 당시에는 자녀의 일이니까 흔쾌히 빚을 내어 결혼 비용으로 사용했지만, 대출금을 계속 안고 살아가는 것이 부메랑이 된다.

노년에 빚을 지게 되면 소득이 한정되어 있으므로 생활이 궁핍할 수밖에 없으며 평생 많은 압박과 근심 속에 살아가야 한다. 노년에는 무엇보다 빚 없이 노후 자금을 지키는 것이 중요하다. 나이가 들수록 새로운 것에 도전하거나 추가로 버는 것은 어렵기 때문에 항상 빚을 줄이고 자산을 안전하게 지키는 데 집중하여야 한다.

노년에 돈이 많이 필요 없다고 생각되지만, 의식주를 비롯하여, 의료비, 자녀, 각종 경조사비, 세금, 차량 유지비 등 꾸준히 지출이 일어나야 한다. 이 때문에 노후에는 빚 없이 노후 준비 자금을 안전하게 지키는 것이 매우 중요하다.

스노우폭스 그룹 김승호 CEO는 2023년 회사 매각 전까지 년 매출 1조 원에 직원 1만 명을 거느리는 큰 회사를 운영하면서 부채가 1원도 없이 기업을 운영하고 했다고 한다. 빚이 없으면 정신적으로 편안해지고 진정으로 즐거운 삶을 영위할 수 있다. 빚이 많으면 경제적, 정신적으로 늘 압박을 받는다. 매일 큰 부담을 안고 살아야 한다는 말이다.

다음은 노년에 빚 없이 살아가는 방법을 제시한 예이다.

1. 은퇴 전에 빚을 상환하라.
2. 노후에 빚내서 창업하지 마라.
3. 노후 자금은 노후 자금으로만 사용하라.

4. 은퇴 전에 다양한 연금 파이프라인을 마련하라.

5. 노후에는 투자보다 안전하게 지키는 데 집중하라.

위의 5가지 빚내지 않는 방법을 상세히 알아보면 첫 번째, 은퇴 전에 빚을 상환하라. 은퇴 후에는 소득이 감소하기 때문에 부채를 줄여야 안정된 노후 생활을 할 수 있다. 은퇴 후에 부채는 평생 마음에 부담을 안고 살아야 하는 암적인 존재가 된다.

두 번째, 노후에 빚내서 창업하지 마라. 노후에 창업은 망하는 지름길이다. 특히 자기 자본이 모자라서 빚까지 동원하는 일은 아무리 좋은 사업이라도 삼가야 한다. 나이 들어서 한번 무너지면 회복하기 힘들기 때문에 어떤 창업도 신중하여야 한다.

세 번째, 노후 자금은 노후 자금으로만 사용하

라. 노후 자금은 은퇴 후 30~40년간 자신이 사용할 자금으로 사업이든, 투자든, 자녀 결혼 비용이 든 어떤 용도로도 사용해서는 안 되며 철저히 재정 관리를 하여야 한다.

지인 중 한 사람은 부모의 은퇴 자금을 빌려서 사업을 하였다. 매달 생활비를 지원한다고 하였지만 처음 몇 달은 약속을 잘 지켰으나 사업이 생각대로 잘되지 않아 생활비는커녕 원금도 갚지 못하는 상황이 되었다. 또 어떤 지인은 부동산에 투자해서 임대 수익을 받으며 생활하겠다고 수익형 부동산에 투자했다가 공실 등으로 손해만 본 일도 있다. 돈을 안전하게 지키려면 노후 자금의 용도는 명확히 하여야 할 필요가 있다.

네 번째, 은퇴 전에 다양한 연금 파이프라인을 마련하라. 연금 소득원이 대다 수 국민연금과 퇴직금 일부가 되는데, 고액 연봉자가 아니면 노후 자금으로 부족한 것이 현실이다. 따라서 개인연금과 배당 소득 등을 적립식으로 꾸준히 적립하여 은퇴 시 연금으로 사용하도록 하여야 한다.

다섯 번째, 노후에는 투자보다 안전하게 지키는 데 집중하라. 투자에는 부동산을 비롯하여 주식, 채권, 금, 외화 등이 있는데 모든 분야가 쉽게 자산을 늘리는 데는 위험이 따른다. 운이 좋아서 좋은 타이밍에 투자하여 수익을 볼 수도 있지만 모든 여건에 따라 큰 손실을 보게 되면 노후 생활에 막대한 지장을 가져오게 되므로 노후에는 자산을 지키는 데 집중하여야 한다.

빚은 당신을 노예로 만들 수 있다. 노년에 안정적이고 풍요로운 삶을 위하여 돈을 버는 생각보다 지키는 데 최선을 다하라. 노년에는 빚 없이 사는 것이 최고의 행복이 된다.

" 편안한 마음, 즐거운 마음, 행복한 마음을 가질 수 있다면 당신에게는 3명의 의사를 가진 것이나 마찬가지이다."

적은 돈이라도 소중히 다루어라.

 미즈노 남보쿠의 < 절제의 성공학 >에는 "돈은 소중히 여기는 사람에게 간다."라는 말이 있다. 세상 만물이 소중히 여기는 사람에게 흘러간다는 뜻이다. 대부분의 자수성가한 억만장자도 절약하고 적은 돈을 소중히 다루었기에 큰 부를 축적하였다. 부자들은 작은 돈도 허투루 쓰지 않는 습관을 지니고 있다.

 평범한 대부분의 사람은 적은 돈을 소중히 관리하지 않는 습관이 있다. 매일 담배 한 갑이나 커피 한 잔 산다는 것을 대수롭지 않게 여긴다. 만리장성도 벽돌 한 장부터 시작하여 완성되었으며, 억만장자도 1달러부터 시작하여 큰 부를 이루었다.

 나는 매월 자금 사용계획을 세우고 재정 관리를 철저히 하고 있다. 일반 저축 금액, 생활비, 세금, 자동차 유지비, 용돈, 연금 투자금 등과 같이 총소득에 대하여 지출 항목별로 세부적으로 나누어서 한도를 초과하지 않도록 관리하는 습관이 중요하다. 이렇게 관리하지 않으면 한도를 초과하여 무계획적으로 지출이 일어나게 되어 저축하지 못하는 등 목표를 달성하지 못하게 된다.

절약과 돈 관리하는 일은 어릴 때부터 습관을 들여야 한다. 나는 중학교 때부터 잔돈이 생기면 돼지 저금통에 넣는 습관을 지녔다. 지금도 잔돈이 생기면 돼지 저금통에 모았다가 한 달에 한 번 은행 가서 저축하는 좋은 습관을 지니고 있다.

적은 돈을 잘 관리하는 비결을 다음과 같이 분류 하였다.

1. 년, 월, 주 단위 자금 사용계획을 세워라.
2. 지출은 예산 한도 내에서 하라.
3. 신용 카드 대신 체크카드를 사용하라.
4. 잔돈을 모아서 은행에 저축하라.
5. 배달 요금을 절약하라.

위 5가지 비결에 대하여 자세히 알아보면 첫 번째 비결, 년, 월, 주 단위 자금 사용계획을 세워라. 개인이든 기업이든 매년, 매월, 주 단위 자금 사용계획을 수립하고 한도 내에서 지출하여야 적자가 생기지 않고 목표한 것을 이루어 낼 수 있다. 자금 사용계획이 없이 지출하다 보면 감각이 흐려지고 한도를 초과하여 계획한 저축도 못 하게 되는 등 목표를 달성할 수 없게 되므로 항상 년, 월, 주 단위 자금 사용계획을 세워서 재정 관리를 철저히 하여야 한다.

두 번째 비결, 지출은 예산 한도 내에서 하라. 라파엘 배지 아그는 < 억만장자 시크릿 >
"억만장자는 돈을 버는 데서 기쁨을 얻고 돈을 쓰는 건 별로 좋아하지 않는다."라고 했다. 돈을 버는 것보다 적게 쓰라는 의미이다.

매월 또는 매주 자금 사용계획을 세우게 되면 예산이 항목별로 나오게 된다. 정기적으로 지출되는 세금이나, 저축, 자동차 유지비 등을 제외하고 생활비나 용돈 같은 경우에는 예산 한도를 초과하는 경우가 종종 있다. 생활비에서 간식비나 외식비 등에 대하여 관리를 잘하여야 예산을 초과하지 않는다. 가계부를 쓰는 것도 예산관리를 잘하는 방법이 될 수 있다.

 세 번째 비결, 신용 카드 대신 체크카드를 사용하라. 지금은 신용 카드가 소비생활의 필수품중에 하나로 발전하였다. 신용 카드로 어떠한 물건도 구입이 가능하고 몇백 원짜리 물건도 수시로 구매할 수 있다. 이런 관계로 소비자들은 소비 감각이 흐려지게 되어 너무나 쉽게 카드 소비를 일삼게 되고 카드 푸어가 생기기도 한다.

 신용 카드가 당신을 사치 왕으로 만들 수 있다. 신용카드 사용을 자제하고 월 한도 내에서 계획적 소비가 이루어지도록 체크카드를 사용하는 습관을 들여라.

 네 번째 비결, 잔돈을 모아서 은행에 저축하라. 투자의 귀재 워런 버핏은 "작은 돈을 소홀히 하는 사람은 큰돈도 제대로 다룰 수 없다."라고 했다. 작은 돈 관리하는 습관이 부자를 만드는 원동력이 된다는 의미이다.

 소비하다 보면 매일 잔돈이 발생한다. 이러한 잔돈을 그냥 방치하지 말고 저금통에 모았다가 한 달에 한 번씩 은행에 저축하는 습관을 들이라는 말이다.
 온라인시대에 은행가는 일이 귀찮을 수도 있다. 하지만 돈을 모으는 습관은 무엇보다 중요한 일이다. 통장 정리도 할 겸 귀찮더라도 한 달에 한 번 정도는 은행을 방문해 보라. 저축하는 습관이 큰 부자로 만드는 초석이 된다.

 다섯 번째 비결, 배달 요금을 절약하라. 요즈음에는 음식이든 음료든 배달을 시키면 배달 요금이 추가된다. 한두 번은 괜찮다는 가벼운 마음으로 배달을 시키다 보면 자신도 모르게 월 몇만 원이 배달 요금으로 지출되기 쉽다. 몇천 원이 1년이면 몇만 원이 되고 10년이면 몇십만 원이 된다. 반복되는 작은 돈 낭비가 큰 돈의 낭비를 만든다.

"작은 비용을 삼가라. 작은 구멍이 큰 배를 가라앉힌다." 벤저민 프랭클린이 한 말이다. 적은 돈을 잘 다루어야 큰돈을 모을 수 있다는 뜻이다. 부자는 하루아침에 탄생하는 것이 아니다. 적은 돈이 모여 큰돈이 된다. 적은 돈을 소중히 다루는 습관을 가지는데 최선을 다해야 한다.

제6장 도전의 힘으로 성공한 6명의 거인

" 지식을 얻으려면 수천 번 물어보고 지혜를 얻으려면 수만 번 생각해야 한다."

*** 소크라테스 ***

농구의 황제로 불렸던 마이클 조던

그는 고등학교 2학년 때 178센티였다.

농구하기엔 키가 그리 크지 않았던 그는 실력도 그다지 뛰어나지 않아 1군으로 기용되지 못했으며, 그 당시에는 농구 외에 야구, 풋볼도 겸하고 있어서, 농구에만 집중하지 않았고 야구를 더 좋아했다. 계속해서 1군으로 못 뛴 것에 자존심에 큰 상처를 입고 좌절감에 빠지기도 했다. 그는 풋볼과 야구를 그만두고 농구에 집중하기로 하고 피나는 연습을 한 끝에 1군과 2군을 동시에 참가했다.

3학년이 되면서 놀라운 반전이 일어났다. 키도 193센티로 장신이 되었고 실력도 급격히 향상되면서 1군 선수로 맹활약하기 시작했다. 4학년이 되면서 유망주로 두각을 나타내던 그는 결국 1981년 농구로 유명한 노스캐롤라이나 대학교에 들어가게 되었다. 신입생이던 1982년 그는 유명한 패트릭 유잉이 뛰고 있던 조지타운

대학을 결승 점프슛을 터트려 전국구 급 스타가 되었으며 다음 해에는 올해의 대학 선수로 선발되기도 했다.

2.3학년째 연속으로 전미 최고 대학 선수로 선발되기도 했던 그는 1984년 3학년을 마치고 NBA 드래프트에 3순위로 시카고 불스의 지명을 받아 프로 선수 생활을 시작했으며, 그해 신인왕과 올스타에 뽑혔다.

다음 해 그는 발목 부상으로 22경기에 출전하는 등 슬럼프에 빠지기도 했지만 포기하지 않고 재기했다. 당 시즌 PO에서 당대 최강인 보스턴 셀틱스와의 경기에서 눈부신 활약을 했으며, 이 시리즈에서 보스턴의 전설 래리 버드는 신들린 듯한 활약을 보인 조던을 보고 "신이 조던의 모습으로 변장하였다."라는 유명한 말을 남겼다.

그 뒤 1987년부터 득점왕을 차지하기 시작한 조던은 80년대 그 누구도 막을 수 없는 득

점포를 선보이는 최고의 선수가 되었다. 1991년 NBA 결승전에서 80년대를 주름잡았던 매직 존슨의 로스앤젤레스 레이커스를 꺾고 팀 역사상 최초로 왕좌에 오르는 기염을 토했으며, 1992년 클라이드 드렉슬러의 포틀랜드 트레일 블레이저스, 1993년 찰스 버클리 케빈 존슨의 피닉스 선스를 꺾고 3연패를 차지하는 데 크게 공헌했다.

팀은 1996, 1997, 1998년에도 우승하여 두 번째 3연패를 달성하는 등 90년대에도 조던이 눈부신 활약을 하였으며 40세까지 수많은 기록을 세우고 2003년 은퇴하였다.

그의 기록을 보면 1984년 로스앤젤레스 올림픽 농구 대표로 출전하여 금메달을 수상한 것을 비롯하여 MVP 역대 1위, 득점왕 역대 1위, NBA 챔피언 6회, NBA 파이널 MVP 6회, 정규 시즌 MVP 5회, 올스타 14회, 올스타전 MVP 3회, 득점왕 10회, 스틸 왕 3회, 1992년 바르셀로나 올림픽 금메달 등 기념비적인 기록을 세웠으며 2016년 미국 대통령 자유 훈장을 받기도 했다.

그는 은퇴 후 사업과 광고 수입으로 큰 부를 축적하였으며 스포츠 스타 중 최고의 부자 반열에 올랐다. 그의 추정 재산은 2025년 현재 한화 약 5조 120억 원에 이른다. 그가 고등학교 때까지 실력이 없어서 퇴출당하고 2군 선수로 뛰면서 심한 좌절감과 부상으로 슬럼프에 빠졌음에도 미국 역사상 최고의 농구 선수가 될 수 있었던 계기와 스포츠 스타로 억만장자가 될 수 있었던 것은 포기하지 않고 끊임없이 도전하였기 때문이다.

리더십 전문가 존 맥스웰은 " 인생은 계속해서 도전하는 것이다. 도전을 멈추면 성장도 멈춘다. " 라고 했다. 인생은 도전의 연속이며 도전하지 않으면 성장도 발전도 없다는 의미이다.

대부분의 성공한 억만장자나 글로벌 리더도 실패하지 않고 성공한 사람은 없을 것이다. 절망과 낙담하기엔 인생이 너무 짧다. 실패를 두려워하지 말고 도전하라. 진정한 패배는 실패했을 때가 아니라 쓰려져 일어서지 못할 때이다.

인도 산업의 아버지 나라야나 무르티

1946년 인도 남부의 카르니 타가주 마이소르나에서 태어났다

그는 어릴 때부터 공부를 잘했으며 1967년 마이소르 공과 대학 전기 공학을 전공한 뒤 인도의 수제들이 모인다는 인도 공과 대학 칸부르 대학원에서 석사 학위를 받았다. 대학원을 졸업한 뒤 교수 밑에서 연구원과 프로그래머로 일하다가 소프트로 닉스라는 회사를 만들었는데 1년 만에 망했다. 하지만 자신의 회사를 차리고 싶은 창업의 꿈을 포기하지 않고 1981년 후배 기술자 6명과 함께 집에서 방 한 칸을 연구소로 사용하면서 재기하였다.

1만 루피를 아내에게 빌려서 소프트웨어 개발을 하는 인포시스라는 회사를 설립하였다. 당시 정부는 사업을 하는 회사들에 그다지 우호적이지 않았고 규제도 많아서 어려움이 적지 않았다.

외국 기업이 인도에 자유롭게 들어올 수 있도록 개방하지도 않았고 외국 회사를 고객으로 끌어들이기가 쉽지 않았다. 그런 관계로 외국에서 컴퓨터를 수입하는데 허가 기간이 3년이 걸렸고 1989년 다른 회사와 합작 회사를 만들지만, 경영이 잘 안되었고 급기야 동업자 1명이 자신의 지분을 팔고 떠나는 등 절망적이었다.

1980년대에 들어 인도 정부가 외국 기업들에 문을 열면서 분위기가 급반전했다. 당시만 해도 한 회사의 IT시스템은 그 회사 안에서 만들어야 한다는 믿음이 강했다. 그런데 무르티는 비행기로도 오랜 시간이 걸리는 인도에서 미국 회사의 IT시스템을 만들어 납품할 수 있다고 고객을 설득하면서 매출을 일으키기 시작하였다.

1999년에는 연간 매출이 1억 달러에 달할 만큼 급성장했으며 같은 해 나스닥에 상장하는 첫 번째 인도 회사가 되는 기염을 토했다. 현재는 다양한 IT 프로그램을 개발하고 기업들이 디지털화하는 것을 돕는 세계적인 IT회사로 성장하였다.

 현재 50개 이상 국가에서 34만 6천 명의 직원이 1년에 18억 달러(한화 2조 3천8백억 원)를 벌어들이고 있으며 2023년 포브스는 무르티가 세계 부자 순위 658번째 (순자산 43억 달러)로 평가하고 있다.

 무르티는 2000년 인포시스 직원들에게 인도에서 사상 처음으로 스톡옵션을 주면서 직원들을 백만장자로 만든다는 창업 목표를 실현해 나가고 있다. 인도인들은 그를 인도 산업의 아버지, 인도의 빌 게이츠라 부른다.

 그가 처음 만든 회사가 망하고 주주가 떠나는 등 어려움이 많았지만, 세계적인 기업을 이루어 낼 수 있었던 계기는 포기하지 않고 계속하여 도전하였기 때문이다.

 이 시대의 가장 혁신적인 아이콘으로 평가받는 팀 페리스는 < 타이탄의 도구들 > "4시간"이라는 책자를 홍보하는데 27번이나 출판사로부터 거절당했다고 했으며 성공하려면 최소한 10번 이상 실패하고 링에 올라라. 라고 했다.

 또한 스타트업 역사상 가장 빠른 속도로 성장한 회사 (트레시디)를 만든 트레시 디눈지오와의 인터뷰에서 로켓처럼 빠른 속도로 성장을 이루어 낸 비결을 물어보았는데 그의 대답은 " 열 번의 실패 " 라고 했다고 한다.

 모든 도전에서 성공만 하는 일은 없듯이 실패는 당연히 동반되는 것이다. 실패를 많이 해볼수록 좋은 경험이 되는 것이므로 좌절하지 말고 목표를 향해 전력을 쏟는다면 반드시 성공의 길이 열릴 것이다.

실리콘밸리의 황제 젠슨 황

1963년 타이완에서 태어난 젠슨 황은 어린 시절을 태국 방콕에서 보내고 9살 때 가족과 함께 미국에 이민하였다. 당시 그는 영어를 전혀 하지 못했고 낯선 문화로 적응하는데 어려움을 많이 겪었다.

오리건에서 고등학교를 졸업 후 오리건 주립대학교에 입학하여 전기 공학을 전공했다. 대학 생활에서 교수들과의 관계도 매우 돈독했고 실습과 프로젝트에 적극적으로 참여하는 학구파였다.

대학 졸업 후 세계 최고 명문 중 하나인 스탠퍼드 대학교 대학원에 진학하여 전기 공학 석사 과정을 밟았고 이 시기에는 GPU(그래픽 처리장치) 병렬연산, 고속 반도체 아키텍쳐 등에 깊이 관심을 두고 있었다. 그는 다양한 실리콘밸리 기업들과 교류하며, 기술이 산업을 어떻게 혁신할 수 있는지 몸소 체험하였다.

그는 스탠퍼드 대학원 졸업 후 AMD와 L.SI 로직 등에서 마이크로 프로세스 디자이너로 일하면서 산업 경험을 쌓았다. 1993년 그는 동료들과 함께 캘리포니아의 Denny's 식당에서 회의를 가지며 600달러를 모아 엔비디아를 창립했다.

 1995년 처음 출시한 PC용 멀티미디어 그래픽 카드 NV1은 잘 팔리지 않았으나 포기하지 않고 다음 버전을 만들어 나갔다. 그 결과 당시 최고 게임 기업 중 하나였던 일본<세가>와 계약하게 되었으며 500만 달러 투자도 유치하였다.

 기사회생한 엔비디아는 계속해서 다음 버전의 그래픽 카드를 만들어 나갔다. 1999년 지금의 그래픽 카드 형태인 지포스 초기 모델을 출시하고 나스닥에도 상장하는 데 성공했다.

2008년 글로벌 금융 위기가 닥쳐서 다시 한번 파산 위기를 겪으면서 회사가 존폐의 갈림길에 몰리기도 했다. 젠슨 황은 자신의 연봉을 1달러로 삭감하면서 우수 인력을 채용하는데 사활을 걸었다. 결과는 대성공이었다. "쿠다"는 전 세계 개발자 470만 명 이상이 사용하는 거대한 생태계를 구축했다.

그 후 엔비디아 GPU는 AI 칩으로 거듭나며 AI 반도체 시장의 90%를 장악하게 되며 영업이익률이 80%에 달했으며 제품이 없어서 못 팔 정도의 중요한 회사로 우뚝 서게 되었다.

2020년대 이후 AI 광풍이 불었고 핵심 칩을 만드는 엔비디아는 전 세계에서 가장 큰 수혜를 보는 기업이 되었다. 2024년 6월 전 세계 시가 총액 1위를 달성했고 2024년 기준 그의 자산은 약 천2백2십억 달러(한화 약 165조 원)에 달하며 세계 부자 순위 11위에 등극한다.

그의 수상을 보면 1999년 언스트엔 영에 의해 첨단기술 부분 올해의 기업가로 선정되었으며, 2018년 최초의 Edge 50 선정되어 에지 컴퓨팅 분야에서 세계 50대 영향력 있는 인물로 선정되었다.

2021년에는 업계 최고의 영예인 N 노 이수 상을 받았으며, 2021년 9월에는 타임에서 세계에서 가장 영향력 있는 100인에 선정되었다. 또한 2009년 오리건 주립대학교 졸업식에서 명예박사 학위를 받았으며, 모교인 스탠퍼드 대학교에 3천만 달러를 기부하여 젠슨 황 공학 센터를 건립하도록 큰 도움을 주었다.

한때 레스토랑에서 웨이트로 일하고 한때 회사가 여러 번의 사업 실패와 금융위로 존폐 위기까지 몰렸던 회사를 시가총액 세계 1위까지 만들면서 세계 부자 순위 11위까지 오르게 된 것은 거듭된 실패에도 포기하지 않고 끈기 있게 도전하였기 때문이다.

헨리 포드는 "인간이 만들어 내는 가장 위대한 발견과 경이로움 중 하나는 할 수 없을 것 같은 두려운 일도 해낼 수 있다는 사실이다"라고 했다. 도전하면 아무리 어려운 일도 해낼 수 있다는 의미이다. 모든 성공은 작은 것부터 시작된다. 절대 포기하지 말고 시작하라. 천 리 길도 한 걸음부터 시작한다.

해리포터로 수퍼리치가 된 조앤 K 롤링

 그는 1965년 잉글랜드 글로 스티샤의 에이츠에서 출생하였다 그는 어릴 때 여동생에게 "홍역에 걸린 토끼" 같은 직접 만든 이야기를 들려주고 친구들과 마법사 놀이를 하는 등 이야기를 짜는 것에 관심이 많았다.

 1969년 4살 때 사우스 서부 잉글랜드 글로스터셔의 마을 윈터본으로 이사하였는데 4살~9살 때의 친구 중 이 안 포터가 해리포터 시리즈 해리포터의 성씨 모티브가 되었다. 본인의 성 롤링은 친구들에게 롤링핀이라고 놀림 받곤 해서 포터라는 성을 부러워했고, 그리고 그의 어머니인 루비 포터가 몰리 위즐리의 모티브가 되었다.

 1974년 9살 때 글로셔 티셔 티즈힐로 이사를 했으며, 1976년 11살 때 세드버리 인근에 있는 중·고등학교인 와이딘 학교로 옮겨 갔는데 여기와 관련된 인물 대다수가 해리포터 시리즈

등장인물의 모티브가 되었다.

 이 시기에 성장기를 보낸 영국인들이 그렇듯이 더 클래시, 더 스미스와 모리세이 팬이었다. 또한 중. 고등학교 시절 롤링은 반지의 제왕을 닳고 또 닳도록 읽었다. 연못, 호박밭, 하우스 시스템 등은 호그와트의 모티브가 되었다. 롤링은 거기서 고급 독일어, 프랑스어, 영어를 공부했으며, 나중에 여학생 대표로 활동했다. 그리고 와이딘 학교의 교직원 대다수는 해리포트 시리즈의 호그와트의 교사들의 모티브가 되었다.

 1982년 옥스퍼드 대학교 입학시험에서 떨어진 롤링은 엑시터 대학교에서 불문학을 전공했다. 이때 엑시터 대학교의 옥스브리지 리잭트 학생들의 상당수가 부유한 집안의 자제가 많았는데 머글과 호그와트 귀족 집안 자제들의 대립 모티브가 되었다. 이후 롤린은 프랑스 파리로 유학을 갔다 왔다.

 대학 졸업 후 롤랑은 런던의 국제 앰네스티에

서 비정규 프랑스어 통역가 및 비서 일을 했다. 당시 하던 일은 프랑스어권 아프리카의 인권 침해 조사였고, 억류된 수감자를 석방하기 위해 정부 등에 편지를 많이 써서 보내는 것도 있었는 데 그게 해리포터 시리즈에서 호그와트가 마법사 아이를 학교에 보내지 않으면 편지를 많이 보내는 것으로 활용되었다.

롤링은 1990년 직장에서 잘리고 어머니도 병으로 세상을 떠났다. 이때는 해리포터 시리즈를 쓰기 시작한 지 6개월 정도 되었는데 당시 캐릭터 중 포모나 스프라우트의 그림을 스케치했고 그다음 날 전화로 어머니가 죽었다는 소식을 듣게 되었다. 이 죽음이 해리포터 시리즈의 주제 중 하나가 되었다.

이후 롤링은 포르투갈로 건너가 1991년부터 제2의 도시인 포로투에서 영어 강사로 일하기도 했으며 이때부터 1993년까지 세계에서 제일 아름다운 서점 중 하나로 꼽히는 "렐루" 서점에 간 적이 있는데 거기서 해리포터 시리즈의 영감을 받았다. 나중에 해리포터 실사 영화 시리즈의 호그와트 도서관 장면 촬영도 바로 이 서점에서 했다.

1991년~1992년경 아버지 피터 제임스 롤링이 어머니가 세상을 떠난 지 1년밖에 안 되었는데 다른 사람과 재혼하자 아버지와 절연했다. 아버지를 모티브로 한 캐릭터 피터 패티그루가 작중 변절자 취급을 받고 그리핀도르 출신이면서 죽음을 먹는 자가 되어 멍청한 행동을 일삼는 소인배로 그려진 것은 아무래도 이런 영향으로 보인다. 정작 아버지는 롤링이 해리포터 시리즈로 성공한 것에 대해 기뻐했다.

코임브라 대학교에 간 적이 있는데 거기에는 학생들이 신입생 환영회 등 특별한 때 망토를 입는다. 해리포터 시리즈에서 학생과 마법사들이 망토를 입는 부분은 저자가 이때 받은 영향으로 작성되었다.

그리고 롤링은 포르투갈에서 현지 방송국 기자인 조르지 아랑트스와 결혼해 1993년 딸 제시카를 얻게 되었다. 하지만 얼마 안 되어 이혼했다.

남편은 매우 폭력적이고 통제적이었다고, 한다. 또한 롤링이 집에 오면 가방을 뒤지고 원고를 빼앗고 숨기기까지 했다. 가정 폭력에 시달리던 롤링은 그를 떠나기로 결심하고 원고를 회사에서 복사하는 방법으로 원고를 지켰다.

1993년 남편에게 폭행당한 뒤 완전히 결별하고 영국으로 돌아와 스코틀랜드의 에든버러에 싱글맘, 한부모가정으로 정착했다. 이때 롤링은 수입이 없어서 생활 보조금 70파운드로 근근이 먹고살았으며, 집 가구 대부분은 여동생 것을 사용하였다. 허름한 단칸방에서 딸에게 줄 우유가 부족해서 맹물밖에 주지 못했고, 자신도 굶는 날이 허다했다. 이때 롤링은 우울증까지 걸렸는 데 이것이 해리포터 시리즈의 디멘터의 모티브가 되었다.

그는 자녀를 먹이지 못할 만큼 궁지로 몰리자, 집 근처에 있는 카페 엘리펀트 하우스 구석 자리에서 예전부터 생각 해온 아이디어를 가지고 해리포터와 마법사들을 쓰기 시작했다.

 원고를 다 쓰고 출판사에 투고했으나 애들이 읽기에는 너무 길다고 하여 12번이나 거절당했다. 1996년 13번째로 찾아간 출판사 블룸즈버리에서 500권을 찍어 출판하게 되었으며 시리즈가 생각 외로 엄청난 판매고를 기록하여 천5백 파운드의 원고료를 받았다. 이 때문에 롤링이 글을 쓰던 엘리펀트 카페는 해리포터 시리즈가 태어난 성지로 알려지며 관광 명소가 되는 이변을 일으켰다.

 롤링도 1권의 책이 나올 때까지만 해도 아이 신발을 사주지 못해서 정말 미안했는 데 이젠 맞는 신발을 살 수 있어 너무 행복하다고 할 정도로 소박했으나 지금은 전 세계가 알아주는 유명 작가가 되었다.

 첫 출간 4년 만에 영화로도 제작되었으며 출간 후 4년간 폭발적인 인기를 누리며 21개의

상을 수상하는 등 롤링은 여태껏 누리지 못한 명성과 부를 한 번에 다 잡았다. 그 후 4권까지만 해도 1년 간격으로 출판하였으나 5권부터는 2년 간격으로 출판하였는데 해리포터와 불사조 기사단은 2003년, 해리포터 혼혈 왕자는 2005년, 그리고 마지막 권인 해리포터와 죽음의 생물을 2007년 출간함으로써 10년 만에 시리즈를 마쳤다.

 2008년 롤링은 하버드 대학교 문학 명예박사 학위를 받으며, 같은 해 스코틀랜드의 에든버러 공로상, 덴마크의 안데르센 상까지 권위 있는 문학상을 휩쓸었다.

 그가 이혼이라는 마음 아픈 고통과 12번씩 출판 거절을 당하는 어려움 속에서도 포기하지 않고, 해리포터를 완성하여 억만장자의 반열에 오를 수 있었던 것은 살아야 한다는 절박감과 성공해야 한다는 강한 도전정신이 있었기 때문이다.

권토중래(捲土重來)란 고사성어가 있다. 실패를 딛고 다시 도전하여 성공을 이룬다는 의미이다. 모든 일은 실패 과정을 거치면서 성공을 이루는 것이다.

성공은 실패를 딛고 일어서는 자에게 찾아오는 법이다. 어렵고 힘든 환경에서도 인내하며, 꾸준히 노력하면 반드시 성공할 수 있다. 실패와 시련을 성장의 기회로 삼고 도전하고 또 도전하라.

세계적인 작가로 도약한 파울로 코엘료

 그는 어릴 때부터 글쓰기를 좋아했다.

 고등학교 때는 시, 연극 경연대회에 참가하기도 했다. 하지만 그의 아버지는 그가 기술자가 되기를 원했고 어머니는 그가 작가의 길을 걷는 것을 보고 낙담하였다.

 부모님과의 마찰은 계속되었고 그의 청소년기는 우울증과 분노의 연속이었다 그리고 그는 정신과 치료를 받기 위해 3번씩이나 입원하기도 했다.

 1960년대에 실험적 연극 아방가르드에 초점을 맞추는 감독, 배우로서 연극의 세계에 발을 들여놓는 그는 감독, 연극 배우뿐만 아니라 "The Dove", " 2001"이라는 잡지의 기자로도 활동했다.

1970년에 멕시코, 북아프라카, 유럽 등지를 여

행하고 1972년 브라질로 돌아와 대중 음악 가사를 쓰기 시작하면서 1972년에 음악가 하울 세이샤스(Raul Seixas)를 만나게 되는데 이들은 브라질 록 음악의 큰 영향을 끼치는 파트너가 된다.

 그리고 그 당시 그는 마르셀루 모타와 인연이 있었고 알리스터 크롤리와 하울 세이샤스가 주창하는 소시에다지 아우테르나치바의 추종자가 되면서 이것들은 군사 정권과 문제를 일으키게 되어, 정부를 전복시키려는 활동에 가담했다는 이유로 투옥되기도 했다.

 그 후 영적 탐구의 매력에 빠진 그는 동양 종교에 빠져들고 세계 여행을 하였으며, 1982년 그의 첫 번째 책이 출간되었으나 반응이 시원치 않았다. 그리고 1985년에 두 번째 책인 흡혈귀의 실용 매뉴얼이 발간되었다. 이 책은 낮은 물질로 발간되었으며 나중에 그의 말을 빌리자면 "신화는 재미있지만, 책 자체는 형편없다."라고 하였다고 한다.

1986년 그는 스페인의 성지순례로 유명한 산티아고의 길을 걷는 순례자의 여행을 하게 된다 이 순례 여행의 경험을 토대로 1987년에 < 순례 여행 >을 출판하였다. 실제로 연금술에 심취해 현자의 돌을 구해 보기도 했던 그는 1986년 <마법사의 일지>를 발표하면서 비로소 사람들에게 알려졌다.

 1988년에 그의 베스트셀러 <연금술사>를 출판하였다. 2009년 연금술사는 가장 많은 언어로 번역된 작가로 기네스북에 기록되기도 했다. 그의 저서는 연금술사를 비롯하여 순례자, 브리다, 피애트라 강가에 앉아 나는 울었네, 다섯 번째 산, 베로니카 죽기로 결심하다. 악마와 미스 프랭, 11분, 오 지히르, 포르토벨로의 마녀, 흐르는 강물처럼, 승자는 혼자다, 알레프, 아크라 문서, 마법의 순간, 불륜, 스파이, 히피 등이 있으며 그의 저서는 150개국 이상 66개 언어로 번역되어 1억 권이 넘는 판매고를 기록했다.

그는 유고슬라비아 골든북, 스페인의 갈리시아 골든 매달, 폴란드의 크리스털 미러 상, 프랑스 레지옹 도뇌르 훈장 등 각국에서 여러 상을 받았으며, 2007년 UN 평화 대사로 임명되어 활동 중이다. 그가 우울증으로 병원에 3번씩이나 입원하고 감옥에 투옥되는 고통이 있었지만, 세계적으로 명망 있는 신비주의적 최고의 작가가 될 수 있었던 것은 끝까지 포기하지 않고 도전하였기 때문이다.

헨리 포드는 "미래를 두려워하고 실패를 두려워하는 사람은 자기 스스로 손발을 묶어 놓는 것과 똑같다. 실패를 두려워 하지 마라. 실패란 이전보다 훨씬 풍부한 지식으로 다시 일을 시작하게 만드는 기회의 또 다른 이름일 뿐이다."라고 했다. 실패하더라도 두려워서 하지 마라. 다시 시작하면 훨씬 쉽게 도전할 수 있다는 뜻이다.

글로벌 기업 나이키 창업자 필 나이트

Just Do It.

열정과 투지를 상징한다.
1988년 처음으로 TV 광고에 등장한다.
나이키의 역사를 송두리째 바꿨다.

미국에서 가장 인기 있는 패션 브랜드 나이키 슬로건이 Just Do It. 이다. 나이키를 설립한 필 나이트는 고등학교 때부터 중거리 육상 선수로 활동했다. 운동을 하던 그는 프랭크 쉘런 교수의 창업론 강의를 듣고 창업 결심을 하였다. 그는 자신이 육상 선수 출신이었기에 소비자들이 편안하고 가벼운 운동화를 좋아할 거로 생각했다.

1962년 자신의 집 지하창고에 사무실을 차리고 일본 신발회사 오니츠가 타이거의 런닝화를 수입하여 판매하기 시작했다.
사람이 많이 지나다니는 거리가 내 점포라고

생각하여 트럭 행상으로 판매하다가 1964년 육상부 코치였던 빌 바우만과 의기투합하여 블루 리본 스포츠를 창립하였다.

1972년에는 수입한 신발을 파는 것에서 나아가 직접 신발을 만들어 팔았다. 바우먼이 부인이 와플을 굽는 것을 보고 고무와 풀을 착안하여 고무가 달린 가벼운 운동화를 발명하게 되었다.

바우먼은 자신이 가르치던 육상 선수들에게 이 신발을 신고 달려 보게 한 결과 반응이 아주 좋았다. 고무 밑창 덕에 신발의 탄력성이 매우 뛰어났던 것이다.

새 운동화에 어울리는 상표는 나이트의 대학 친구인 제프 존스가 그리스 신화 속의 여신 니케(Nike)를 연상해 나이키로 이름을 지었다.

영혼과 날개를 상징하는 로고는 나이트에게 회계학 강의를 듣던 캐롤린 데이비슨이 만들었으며 나이트는 이 로고를 35달러를 주고 샀으며 회사가 대성공을 이룬 후 회사에서 데이비슨에게 나이키 주식 500주와 나이키 모양의 다이아몬드가 박힌 금반지를 선물하고 감사를 표했다고 한다.

 초창기에는 자국의 은행에서 대출을 거절당하기도 했으나 일본의 닛쇼이와이에서 전폭적인 투자와 지원을 하였다. 이후 나이키는 업계의 선두 주자인 아디다스를 추월하는 노력을 지속하였으며, 때마침 1970년대 미국에 조깅 열풍이 불어 매출이 순식간에 700만 달러까지 치솟기도 했다.

 1976년부터 브랜드 광고를 시작하면서 회사가 큰 성장을 이루게 되었으며, 1980년에는 기업 공개를 단행하여 뉴욕 증권 거래소에 상장과 동시에 미국 운동화 시장 1위를 기록하게 된다. 또한 마이클 조던과의 협업으로 제작한 에어 조던 시리즈 성공으로 매출이 급속히 늘어났다.

 1987년에는 에어맥스 광고 레볼루션 인 모

션(Revoiution in Motion)에 비틀즈의 노래 Revolution을 쓰면서 엄청난 광고 효과를 거두었다. 2년 만에 매출은 2배로 뛰었고 자유와 초월이라는 광고 주제가 나이키의 새로운 브랜드 이미지가 되었으며 마케팅도 농구의 마이클 조던, 골프의 타이거 우즈, 테니스의 로저 페더러, 축구의 호나우두 등 유명 스타 선수들을 후원하면서 활발하게 진행하였다.

 한편 1980년대 기업 공개 이후 여러 업체를 인수하기 시작했다. 1988년에는 콜한을 인수한 것을 시작으로 1994년 바우어 하키를 인수하고 2002년에는 헐리를 인수하여 회사를 키워 나갔다. 1993년에는 스포츠화 1억 켤레를 돌파하는 등 미국뿐만 아니라 세계 최고의 스포츠용품 회사로 성장했다.

 1996년에는 국제 비정부기구(NGO)에서 나이키가 동남아시아 및 아프리카 등 제3세계의 여성과 어린이의 노동력을 착취해 이익을 내고 있다는 보고서를 내면서 불매 운동이 일어나기도 했지만 슬기롭게 타협하고 악덕 기업의 이미지를 벗어나기 위해 노력하였다.

2004년 필 나이트 퇴임 후 윌리엄 페리즈가 1년 동안 자리를 지키다가 2006년 사장으로 있던 파커가 CEO로 임명되어 2007년 엄브로를 인수하는 등 브랜드 재편에 착수했다. 2008년에는 바우어 하키를 매각하였으며 2012년에는 엄브로를 2013년에는 콜한을 매각하며 브랜드가 나이키와 컨버스 및 에어 조던으로 재편되었다.

2018년 나이키는 "Just Do It" 30주년 광고 캠페인에 전 미식축구 선수 콜린 카퍼닉의 얼굴과 함께 의미심장한 문구를 써서 화제에 오르기도 했다.

You Can't Stop Us.

2020년 "Just Do It"에서 You Can't Stop Us"라는 새로운 슬로건을 공개했다. 이

광고는 세계 여러 나라의 스포츠 영상들을 한데 어울려 훌륭한 퀄리티로 엮어내어 엄청난 충격을 주기도 했으며 그에 담은 메시지도 세계가 코로나로 침체되었지만 우리의 열정은 식지 않을 것이라는 시대 저항의 메시지를 담고 있어 많은 호평을 받았다.

 2020년 존 도나호가 파커의 바턴을 이어받으며 신임 CEO로 취임했다. 취임하자마자 팬데믹으로 위기를 맞았고 2009년 대침체 이후 처음으로 매출이 감소 했다.

 2021년에는 팬더믹 보복 소비와 뉴트로 유행으로 인해 에어조던1 나이키 덩크 등이 대유행하며 매출이 전년 대비 20% 넘게 증가했다.

 그 후 후발 주자들 아디다스, 뉴발란스, 호가오네, 아식스 등의 치열한 추격으로 인해 위기를 겪기도 했다. 2024년 존나호 CEO 사임과 함께 얼리엇 힐 체재로 나이키를 이끌고 있으며 2024년 매출이 513억 달러에 시가총액이

1,233억 달러에 달한다.

주요 제품으로는 코루데즈, 와플, 데이브레이크, 에어포스1, 덩크 시리즈, 에어맥스 시리즈, 베이퍼 맥스 시리즈, 줌 시리즈, 프리 시리즈, 아댑트 시리즈, 리액트 시리즈, 조아라이드 시리즈, 크레이트 시리즈, 애버논 시리즈, 스페셜 필드 부츠 시리즈, 로열코트 시리즈 등이 있다.

필 나이트가 트럭 행상으로 시작하여 코로나로 인한 대침체와 동남아 공장의 열악한 환경에 대한 불매 운동, 경쟁 업체들의 치열한 추격전이 있었음에도 오늘날 세계 최고의 스포츠용품회사로 성장시킬 수 있었던 것은 끝까지 포기하지 않고 도전하였기 때문이다.

필 나이트는 자신의 성공 비결은 " 나는 아직도 비행기를 타거나 오솔길을 달릴 때 언제 어디서 건 아이디어가 샘솟고 있습니다. 이 때문에 나에게는 하루하루가 도전해야 할 목표입니다."라고 했다.

" 도전하지 않으면 성공할 수 없다. 도전하는 데 망설이지 마라."

에필로그

대체할 수 없는 역량이 성공의 토대이다.

 앞으로 기술의 고도화로 로봇이 인간을 대체하는 사람 없는 공장이 등장한다고 한다. 즉 노동의 종말이 다가온다는 말이다.

 미래 학자들에 의하면 2030년에는 20억 개의 일자리가 사라진다고 한다. AI라는 거대한 파도가 인류 문명을 통째로 변화시킨다는 말이다.

 최근 뉴스에 의하면 실리콘밸리는 변화의 속도가 숨이 막힐 정도라고 한다. 그만큼 AI의 영향으로 인력 구조조정이 많이 일어나고 있다는 의미이다.

 심지어는 건강검진도 가정에서 스마트폰과 클라우드 컴퓨팅에 연결된 센서로 가능하게 되고 수술까지도 의사들이 하지 않고 다빈치 로봇으로 대체된다고 하니 인류 문명은 상상을 초월할 만큼 혁신이 이루어지고 있는 것이다.

이러한 급변하는 시대에 성공적인 삶을 영위하기 위해서는 현실에 안주하지 않고 신문명에 대한 다양한 지식을 습득하여야 하며 누구도 대체할 수 없는 역량을 키워야 끝까지 살아남을 수가 있다.

1초의 시간도 낭비 없이 자신의 실력을 키우는데 전력투구하기를 강조하고 집필을 마무리하면서 독자 여러분에게 꼭 당부하고 싶은 말 5가지를 소개하고자 한다.

첫 번째, 대체할 수 없는 역량을 갖추어라.
두 번째, 1시간 일찍 출근하여 공부하라.
세 번째, 실패하더라도 다시 도전하라.
네 번째, 재테크 전문가가 되어라.
다섯 번째, 탐욕을 버려라.

이 책을 끝까지 읽어주신 독자 여러분에게 깊이 감사드리며 삶에 있어서 용기가 필요할 때, 자신감이 필요할 때, 마음이 흔들리고 혼란스러울 때, 성공적인 직장생활의 방법이 필요할 때, 안정된 노후 준비의 방법이 필요할 때는 반드시 이 책을 여러 번 읽어보기를 바란다.

초지능 AI 및 초고령화 시대에 풍요로움과 성공적인 삶에 새로운 지평을 열어가길 간절히 소망하면서 이 책을 성공하고자 불철주야 노력하는 모든 분께 바친다.

2025년 8월 30일

송연환

< 부록 >
저자 추천 도서

1
명상록
마르쿠스 아우렐리우스/사토 겐이치
2
사람을 얻는 지혜
그라시안/김유경
3
니체의 말
니체/박재현
4
쇼펜하우어 인생 수업
쇼펜하우어/김지민
5
세네카의 인생론
세네카/정윤희
6
몽테뉴의 수상록
몽테뉴/민희식
7
데미안
헤르만 헤세/전영애
8
파우스트
괴테/안인희
9
자조론
사무엘 스마일스/김유신

10
군주론
마키아벨리/권혁
11
피터 드러커의 자기 경영 노트
피터 드러커/장영철
12
프랭클린 자서전
벤저민 프랭클린/이종인
13
죽음의 수용소에서
빅터 프랭클/이시형
14
인간관계론
데일 카네기/임성훈
15
부자 아빠 가난한 아빠
로버트 기요사키/안진환
16
왜 일하는가?
이나모리 가즈오/김윤경
17
네 안에 잠든 거인을 깨워라.
앤서니 라빈스/조진형
18
린치핀
세스 고딘/윤영삼
19
성공하는 사람들의 7가지 습관
스티븐 코비/김경섭

20
타이탄의 도구들
팀 페리스/박선령, 정지현
21
투자의 미래
제러미 시겔/이은주
22
만 권의 책을 읽고 백 권의 책을 쓰다.
김병완
23
나의 일곱 번째 이름 이현서
이현서
24
지혜의 등불
이창호
25
이렇게 소통하면 모두 내 편이 된다.
한창욱
26
돈의 속성
김승호
27
성공하는 사람들의 7가지 좋은 습관
데일 카네기/김시오
28
억만장자 시크릿
라파엘 베지아그/박선령

29
내 인생을 바꾼 한 권의 책
잭 캔필드/손정숙
30
퓨처 셀프
벤저민 하디/최은아
31
돈 버는 80가지 습관
무천강/이에스더

32
부자 습관 가난한 습관
톰 콜리/최은아
33
돈의 심리학
모건 하우절/이지연
34
세계 미래 보고서
박영숙,제롬글렌
35
심연으로부터
오스카 와일드/박명숙
36
성공하는 100가지 마음가짐
요시카와 나미/강성욱
37
예언자
칼릴 지브란/공경희

38
사람은 무엇으로 성장하는가?
존 맥스웰/전옥표
39
소중한 나를 부자로 만들어 주는 지혜
월러스 위틀스/안진환
40
미움받을 용기
기시미 이치로,고가 후미타케/전경아
41
그릿
앤절라 더크워스/김미정
42
다크호스
토드 로즈/정미나
43
워런 버핏 웨이
로버트 헤그스트롬/신용우
44
위대한 생각의 힘
제임스 앨런/임지현
45
사람을 움직이는 처세술
데일 카네기/진형욱
46
슈독
필 나이트/안세민
47
나폴레온 힐 성공의 법칙
나폴레온 힐/김정수

48
어떻게 인생을 살 것인가?
쑤린/원녕경
49
안씨가훈
안지추/유동환
50
인류의 조건
사이토 다카시/정현

판권

종이책 : 값 17000 원

초판 인쇄: 2025년 9월 30일
초판 발행: 2025년 9월 30일

지은이: 송연환
발행인: 플랫폼연구소

출판등록: 제 2020-000075호

전화: 010-3920-6036 / 02-556-6036
이메일: pflab2020@naver.com

주소 : 서울시 강남구 삼성동 152-59 정목빌딩 3층

ISBN 979-11-91396-59-1